ARBEITSGEMEINSCHAFT FÜR FORSCHUNG
DES LANDES NORDRHEIN-WESTFALEN

GEISTESWISSENSCHAFTEN

31. Sitzung
am 15. Juni 1955
in Düsseldorf

ARBEITSGEMEINSCHAFT FÜR FORSCHUNG DES LANDES NORDRHEIN-WESTFALEN

GEISTESWISSENSCHAFTEN

HEFT 47

Harry Westermann

Person und Persönlichkeit als Wert im Zivilrecht

Springer Fachmedien Wiesbaden GmbH

ISBN 978-3-663-00903-0 ISBN 978-3-663-02816-1 (eBook)
DOI 10.1007/978-3-663-02816-1

Ursprünglich erschienen bei Westdeutscher Verlag Köln und Opladen 1957.

Person und Persönlichkeit als Wert im Zivilrecht

Professor Dr. jur. *Harry Westermann, Münster/Westf.*

Die Wahl eines rechtswissenschaftlichen Themas für einen Kreis von Geisteswissenschaftlern aller Art ist schwierig. Das gilt in besonders ausgesprochenem Maß für das Zivilrecht. Das öffentliche Recht, vorzüglich das Verfassungsrecht, ist so eng mit der Entwicklung des politischen Lebens verknüpft, daß seine wissenschaftlichen Grundfragen sehr viel aktueller sind als die des Zivilrechts. Die Schwierigkeiten der Themenwahl werden verstärkt, falls die anspruchsvolle Bezeichnung unseres Kreises als Arbeitsgemeinschaft nicht nur ein Name, sondern Kennzeichen eines Inhalts sein soll.

Der Abstand der Rechts- zu den sonstigen Geisteswissenschaften ist mehrfach begründet: Einmal in der Rechtswissenschaft und zum anderen in der herkömmlichen Haltung des geistigen Menschen in Deutschland. Der Versuch einer Antwort auf die Frage nach den Gründen führt auf der Seite der Rechtswissenschaft zu sehr tiefgehenden Fragen, die hier aus Raumgründen nicht beantwortet werden können. Es mag nur andeutungsweise gesagt werden, daß eine Quelle dieser Entfremdung in der sogenannten Begriffsjurisprudenz liegt oder liegen kann. Diese Schule der Rechtswissenschaft versucht die Entscheidungen aus den Rechtsbegriffen abzuleiten. Nun ist der Rechtsbegriff von den sonstigen Begriffen in der Geisteswissenschaft stark unterschieden; über ihn etwas auszusagen oder mit ihm zu arbeiten, vermag nur der rechtstechnisch Geschulte. Wo der Begriff in die Mitte der Rechtswissenschaft rückt, liegt die Gefahr ihrer Isolierung von den sonstigen Geisteswissenschaften nahe. Nun kann der Wandel von der Begriffsjurisprudenz zur sogenannten Interessenjurisprudenz wohl im wesentlichen als vollzogen gelten. Die Norm wird jetzt verstanden als gesetzgeberische Entscheidung über menschliche Interessen, wobei Grundlage der Entscheidung ein gesetzliches Werturteil über soziale Kräfte ist. Ihre Hauptfrage sieht die Interessenjurisprudenz darin, die im Leben wirksamen Interessen und ihre gesetzliche Bewertung aufzuzeigen. Dabei kann die Bewertung als nicht mehr näher zu analysierendes Faktum hingenommen werden. Wo sie aber ihrerseits untersucht wird, nähert m. E. diese Methode die Rechtswissenschaft und die sonstigen Geisteswissenschaften einander an: Mit der Betonung des wertenden Charakters des Rechts werden die innere Verwandtschaft der Rechtswissenschaft mit der Soziologie, ihre Verknüpfung mit der Historie, insbesondere mit der Geistesgeschichte, ins Bewußtsein gerückt und die oft tiefgehende Verwurzelung rechtlicher Bemühungen und gesetzgeberischer Akte in der Philosophie aufgezeigt.

In den Mittelpunkt der rechtswissenschaftlichen Betrachtung rückt so die Wertgrundlage der Norm. Ein ausführlicher Versuch, das Wesen der Norm unter diesem Gesichtspunkt zu bestimmen, ist hier nicht möglich [1]. Zur Klarstellung für die folgende Untersuchung genügt die These, daß ein dreistufiger Aufbau die Norm kennzeichnet: Sie enthält als nach außen am deutlichsten in Erscheinung tretende Stufe eine Rechtsfolgeanordnung, die aus der Interessenbewertung (zweite Stufe) erwächst; die eigentliche Normgrundlage ist die dritte Stufe, nämlich die Konkretisierung der Gerechtigkeitsidee dadurch, daß idR die Norm einen bestimmten Wert schützen und fördern oder Wertloses verhindern will. Diese Grundlage der Norm enthält den Versuch, die umfassende Gerechtigkeitsidee für die Bewertung der im Normentatbestand zusammenstoßenden Interessen zu konkretisieren; sie sagt also, was die Gesetzgebung für die abstrakt bezeichneten Fälle als gerecht ansieht. Es ist dabei möglich oder sogar erforderlich, daß der der Norm zugrunde liegende Wert zu anderen Werten in Beziehung gesetzt wird.

Aufgabe der Rechtswissenschaft ist es, durch Normenanalyse die betreffende Konkretisierung der Gerechtigkeitsidee mit dem Wert als Schutz- und Förderungszweck herauszuarbeiten. Von dieser Normtheorie aus ist es notwendig, die maßgebenden Werte und gegebenenfalls ihre Verhältnisse zueinander aufzudecken.

In der allgemeinen politischen, rechtspolitischen und wissenschaftlichen Erörterung werden nun Person und Persönlichkeit als Wert viel genannt. So empfiehlt sich der Versuch, das Recht unter dem Gesichtspunkt zu untersuchen, ob und in welchem Maße Person und Persönlichkeit Wertgrundlagen von Normen bilden. Die Ergebnisse einer solchen Untersuchung können nicht nur für eine eventuelle Fortbildung des Rechts durch den Gesetzgeber, sondern auch für die Auslegung des geltenden Rechts bedeutungsvoll sein.

[1] Vgl. dazu *Westermann,* Wesen und Grenzen der richterlichen Streitentscheidung, Schriften der Gesellschaft zur Förderung der Westfälischen Wilhelms-Universität, Heft 32.

I. Begriff und Wertung der Person

1. Unabhängig von der Ablehnung, Entscheidungen aus Begriffen abzuleiten, ist eine begriffliche Klärung notwendig. Person im Rechtssinne ist für das heutige Recht identisch mit dem Menschen[2]. Bekanntlich ist es schwierig, eine Wesensbestimmung des Menschen zu geben. Auf sie kommt es hier aber nicht an. Für das Recht sehe ich geradezu als entscheidend an, daß Person gleich Mensch ist; und Mensch ist jedes Lebewesen, das vom Menschen abstammt. Dabei wird bewußt darauf verzichtet, den Menschen weiter zu charakterisieren. Dieser Verzicht auf weitere Inhaltsbestimmung des Begriffs „Mensch" ist doppelt begründet; primär in der Ansicht, daß alles, was bewertend an Merkmalen hervorgehoben werden könnte, im Menschsein enthalten ist, ferner in dem Wunsch, einen möglichst allgemein gültigen Begriff zu finden, der, abgesehen von zusätzlichen Identifizierungsmerkmalen, die Sicherung bietet, daß alles, was vom Menschen abstammt, den Schutz und die Vorteile des Personseins genießt. Je allgemeingültiger der Begriff gefaßt wird und je geringer die zu erfüllenden Voraussetzungen sind, um so weiter reicht sein Schutz. Alle mit dem Menschsein zusammenhängenden, seinen Wert ausmachenden Eigenschaften sind potentiell in jedem Menschen enthalten, die Bejahung der Personenqualität im Einzelfall ist aber nicht von dem tatsächlichen Vorhandensein, der Wahrscheinlichkeit oder nur der Möglichkeit abhängig, diese potentiell gegebenen Eigenschaften zu aktualisieren.

2. Nach dieser begrifflichen Klärung bleibt der Nachweis, daß die so bestimmte Person einen Wert im Recht darstellt[3], oder anders ausgedrückt, daß es Normen gibt, bei denen der Schutz und die Förderung der Person Konkretisierung der Gerechtigkeitsidee darstellen, aus der letztlich die Rechtsfolgeanordnung erwächst.

a) Das könnte durch eine Wesensbestimmung der Rechtsordnung bewiesen werden. Dabei könnte einmal darauf hingewiesen werden, daß die Normen sich ausschließlich an den Menschen richten, daß nur er Empfänger

[2] Damit wird der Begriff der physischen Person noch nicht zum Widerspruch in sich selbst, wie *Jellinek*, System der subjektiven öffentlichen Rechte, Tübingen, 1919, S. 20 mit der Begründung behauptet, „Person sei eine – nur psychologisch zu begreifende abstrakte – Relation".

[3] Vgl. dazu *H. Kipp*, Mensch, Recht und Staat, Köln, 1947, insbes. S. 22 ff. Er sieht in der Person den höchsten Wert (S. 27 ff.).

ihrer Gebote und Verbote sein kann; zum anderen wäre der Nachweis möglich, daß das Recht für den Menschen da ist, ihm gewidmet ist. Ein derartiger Versuch soll hier nicht gemacht werden, da er schlechthin für alle Rechtsordnungen möglich wäre. Es soll vielmehr auf Normen unseres geltenden Rechts abgestellt werden, zumal so ein Stück unserer heutigen Rechtskultur deutlich werden wird.

b) Schon dem flüchtigen Blick tritt dabei Artikel 1 des Bonner Grundgesetzes (BGG) entgegen[4]: „Die Würde des Menschen ist unantastbar. Sie zu achten und zu schützen ist Verpflichtung aller staatlichen Gewalt". Dieser Artikel wirkt eher wie eine Präambel als wie eine Norm, die konkrete Rechtsfolgen anordnet. Das schon deswegen, weil es hier offensichtlich um die Proklamierung der Wertgrundlage geht, die sonst nur durch einen – oft sehr mühsamen – Schluß aus der Rechtsfolgeanordnung ermittelt werden kann. Bedeutsam ist Artikel 1 aber gleichwohl insofern, als alle staatliche Gewalt die in ihr ausgesprochene Wertung zu achten verpflichtet ist. Artikel 1 ist insofern ein unvollkommenes Gesetz, als die Rechtsfolgeanordnung nicht in der Vorschrift selbst ausgesprochen wird; konkrete Folgen ergeben sich vielmehr erst, wenn der Artikel in Beziehung zu Vorschriften mit Rechtsfolgeanordnungen gebracht wird. Insofern ist sein Anwendungsbereich aber unbegrenzt; damit wird Artikel 1 zur „Basis für ein ganzes Wertsystem"[5]. Unabhängig von der Frage, ob Art. 1 ein aktuelles Grundrecht für das Verhältnis Einzelner – Staat oder auch eine wirksame Norm für die Rechtsbeziehungen der Einzelnen zueinander oder nur eine noch zu aktualisierende Proklamation enthält[6], mag aber hier Art. 1 zunächst unberücksichtigt bleiben, um für mein Thema entsprechende Normen des eigentlichen Zivilrechts zum Untersuchungsgegenstand zu machen.

Dafür bietet sich eine so große Zahl mindestens untersuchungsbedürftiger Normen an, daß eine Auswahl erforderlich ist.

c) Einer der wichtigsten Rechtssätze ist der, der den Menschen als Rechtsperson anerkennt. Für den Zivilrechtler schlägt sich diese Anerkennung in der Rechtsfähigkeit des Menschen nieder. Mit der Fähigkeit, Träger von Rechten und Pflichten zu sein, wird der Mensch zum Zurechnungssubjekt.

[4] Die Entstehung der Grundrechte setzt voraus, daß der Einzelne sich als der Gemeinschaft gegenüber verselbständigt denkbaren Wert begreift, vgl. dazu *E. Fechner*, Die soziologische Grenze der Grundrechte, Tübingen, 1954, S. 5 ff.

[5] *Dürig*, Archiv des öffentlichen Rechts, 1956, S. 119.

[6] Vgl. die Nachweise bei *von Mangoldt-Klein*, Kommentar zum Bonner Grundgesetz, S. 146 ff.

Die Bedeutung der Rechtsfähigkeit ist kaum zu überschätzen. Sie ist unabdingbare Voraussetzung der Teilnahme des Menschen am Sozialleben, ohne sie würde der Mensch als rechtlich im Grunde genommen nicht vorhanden zu behandeln sein. Die Verneinung der Rechtsfähigkeit bedeutet Leugnung der Person und macht den Menschen schutzlos. Sie kann zur Straflosigkeit der Tötung, zur Sklaverei oder sonstigen Rechtseinrichtungen führen, die wir als unvereinbar mit unserem Rechtsgefühl und unserem Rechtssystem ansehen, und läßt höchstens Objektschutz zu, der nicht ausreicht.

Die Identität von Menschsein und Rechtsfähigkeit ist im BGB nicht ausdrücklich ausgesprochen. Es fehlt überhaupt der Satz, daß der Mensch rechtsfähig ist. § 1 regelt nur den Beginn der Rechtsfähigkeit. Danach wird die Rechtsfähigkeit des Menschen als selbstverständlich vorausgesetzt, ist aber gleichwohl echter Rechtssatz [7]. Daß der Beginn der Rechtsfähigkeit ausdrücklich festgesetzt ist, ist Folge davon, daß hier verschiedene Lösungen möglich sind [8]. Der Satz von der Rechtsfähigkeit des Menschen erschien aber den Schöpfern des BGB als unumgängliche, einzige Lösung. Man kann vielleicht in unserem Rechtssatz einen der wenigen, wenn nicht den einzigen verbindlichen Kulturrechtssatz sehen. Der Satz von der Rechtsfähigkeit des Menschen mit dessen folglicher Kennzeichnung als Person erkennt nur etwas an, was schon vor- oder außerrechtlich gegeben ist, nämlich den Menschen in seiner Würde [9].

Der Klarstellung wegen sei noch einmal betont, daß Voraussetzung der Rechtsfähigkeit ausschließlich und allein das Menschsein im obigen Sinne ist [10]. Rechtsfähig ist danach jedes Lebewesen, das vom Menschen abstammt. Lebensfähigkeit, körperliche oder geistige Gesundheit, Vernunft usw. sind

[7] Vgl. *Jellinek*, System der subjektiven öffentlichen Rechte, Tübingen, 1919, S. 28: „Sie (die Rechtsfähigkeit) ist stets vom Recht verliehen, nicht von Natur aus gegeben."

[8] So knüpft z. B. § 218 StGB das Menschsein an den Beginn der Geburt. Für das Zivilrecht ist ein möglichst scharfkantiger Begriff erforderlich; diesen Anforderungen genügt die Vollendung der Geburt besser.

[9] Vgl. *H. J. Wolff*, Verwaltungsrecht I, 1956, S. 128. Demgegenüber ist der Personenbegriff von *Jellinek* (vgl. Anm. 7) zu sehr als ausschließliche Schöpfung des Gesetzes gekennzeichnet. Zum „vorrechtlichen Personenbegriff" vgl. auch *G. Husserl*, AZP 127, 129; *H. Coing*, Menschliche Person und Menschenrechte, Beiträge zur Rechtsforschung, 1950, S. 204. Abzulehnen ist auch die Auffassung *Jellineks* (a. a. O., S. 84) „daß die Persönlichkeit insoweit ausgeschlossen sei, als das Individuum dem Staat unterworfen sei"; weder die Belastung des Einzelnen mit Pflichten noch die Aufgabenverteilung zwischen Staat und Einzelnem berührt das Personsein des Einzelnen.

[10] Vgl. auch *H. Coing*, Menschliche Person und Menschenrecht, Beiträge zur Rechtsforschung, 1950, S. 201. Zur gleichen Bewertung im Rahmen von Art. 1 BGG vgl. *Dürig*, Archiv des öffentlichen Rechts, 1956, S. 127.

ebensowenig maßgebend wie eine Gliedstellung in irgendeiner Gemeinschaft. Aus der absoluten Identität von Menschsein und Rechtsfähigkeit folgt dann, daß die Rechtsfähigkeit mit dem Tode endet (übrigens wieder ein Rechtssatz ohne Ausspruch in der Kodifikation), daß sie aber weder verzichtbar noch entziehbar ist oder sonstwie aus irgendeinem Grunde verloren werden kann.

Kennzeichnend für das System des BGB ist, daß die Rechtsfähigkeit an das Menschsein geknüpft ist, nicht an irgendwelche Gliedstellungen oder an Eigenschaften des Menschen, auch nicht an seine Handlungs- oder Willensfähigkeit [11]. Der BGB-Grundsatz kann als erste Konkretisierung der allgemeinen Menschenrechte [12] verstanden werden. Er ist das Ergebnis einer langen Entwicklung, insbesondere die Frucht des naturrechtlichen Denkens und des philosophischen Idealismus [13].

Es ist kein Zufall, daß die hinter uns liegende Zeit mit ihrer maßlosen Übertreibung des völkischen Gedankens Ansätze zu entgegengesetzten Vorstellungen brachte. Dieser Zeit lag es nahe, Rechtsfähigkeit und „Zugehörigkeit zur Volksgemeinschaft" zu identifizieren. Wird dieser Satz Wirklichkeit, werden alle Nichtvolksgenossen irgendwie auf eine Schutzstellung angewiesen. Derartige Bestrebungen finden sich in der Literatur der Jahre nach 1933, wenn auch zunächst noch kein allgemeiner gesetzgeberischer

[11] Auf den ersten Blick erscheint der so bestimmte Rechtsfähigkeitsbegriff inhaltsleer. Von daher sind Versuche zu verstehen, den Satz von der Rechtsfähigkeit des Menschen anders zu begründen, insbes. die ausschließliche Subjektsqualität des Menschen als Folge seiner Fähigkeit zum sittlichen Handeln oder seiner Eigenschaft als Kultursubjekt zu kennzeichnen, vgl. dazu *Schönfeld*, Rechtsperson und Rechtsgut im Lichte des RG, in: Die Reichsgerichtspraxis im Deutschen Rechtsleben, Band 2, 191 ff., der zu der Folgerung kommt, daß geistig völlig tote Menschen weder Kultur- noch Rechtsperson seien (S. 251).

Auf den menschlichen Willen stellt G. *Husserl*, Rechtssubjekt und Rechtsperson, AZP 127 ff. ab. Für ihn wird das Rechtssubjekt zum Rechtsgenossen dadurch, daß der Wille der Rechtsperson konstituierend für die Rechtsgeltung im Staatsverband ist.

[12] Zum „Recht auf Freiheit" als Gegensatz zum Sklaventum vgl. auch *R. Laun*, Die Menschenrechte, Hamburg, 1948, S. 6.

[13] Vgl. dazu *H. Conrad*, Individuum und Gemeinschaft in der Privatrechtsordnung des 18. und beginnenden 19. Jahrhunderts, Schriftenreihe der Juristischen Studiengesellschaft Karlsruhe, Heft 18; *H. Coing*, Menschliche Person und Menschenrecht, Beiträge zur Rechtsforschung, 1950, S. 194 ff. und S. 201; *Hubmann*, Das Persönlichkeitsrecht, 1953, S. 20 ff.

Es ist im Grunde genommen überraschend, wie jung der Rechtssatz von der bedingungslosen Rechtsfähigkeit des Menschen ist. Der letzte Sklavenprozeß in Preußen endete erst 1855. Er veranlaßte das preußische Gesetz vom 8. 3. 1857, nach dem alle Sklaven frei werden, wenn sie preußisches Gebiet betreten, vgl. dazu *R. Stammler*, Deutsches Rechtsleben im 19. Jahrhundert, Band 2, München 1932, S. 265 ff. Zu der ähnlich langsamen Entwicklung der Grundrechte vgl. *E. Fechner*, Die soziologische Grenze der Grundrechte, Tübingen, 1954, S. 6 ff., 28.

Niederschlag festzustellen ist[14]. Von diesem Ausgangspunkt ist es dann beinahe selbstverständlich, zu Abstufungen in der Rechtsfähigkeit und zur Möglichkeit ihres Verlustes z. B. durch Ausstoßung aus der Volksgemeinschaft zu kommen.

Diese Art der Betrachtung der Rechtsfähigkeit hängt eng zusammen mit dem Wiederaufleben ständischer Gedanken, wie sie sich in der besonderen Prägung des Reichserbhofrechts am deutlichsten zeigten[15]. Der Gegensatz zur heutigen Auffassung wird deutlich, wenn man das Bemühen des Reichserbhofrechts, das Bauerntum ganz aus der sonstigen Rechtsordnung zu lösen (z. B. Anerkennung einer besonderen bäuerlichen Ehre, Erklärung des Erbhofs zum unveräußerlichen Gut), mit der Beschränkung der Höfeordnung für die britische Zone auf ein Sondererbrecht vergleicht.

An Hand dieser Inhaltsangabe des Rechtssatzes von der Rechtsfähigkeit des Menschen ist jetzt auch entsprechend der oben angedeuteten Normen-Theorie eine Analyse der Vorschriften des Rechtssatzes über die Rechtsfähigkeit des Menschen möglich. An den Tatbestand des Menschseins wird die Rechtsfolge der Rechtsfähigkeit geknüpft. Die Wertgrundlage der Norm ist die Würde des Menschen. Die entsprechende Überzeugung ist der letzte Grund von dem hinter § 1 BGB stehenden Rechtssatz und vieler anderer Normen, ohne daß die Würde des Menschen im Recht weiter belegt würde. Das zeigt den Unterschied der subjektiven Gründe des Gesetzgebers von dem objektiven Inhalt der Norm: Die mannigfaltigen Gründe, die zu dieser Überzeugung geführt haben, gehören nicht mehr zum Rechtssatz selbst.

Ein wesentlicher Quell der neueren Rechtsentwicklung ist naturgemäß der Glaubenssatz von der Ebenbildlichkeit Gottes[16] oder der damit in enger ideengeschichtlicher Verbindung stehende philosophische Satz vom Begriff

[14] Diese Auffassung spiegelt sich im Volksgesetzbuch wider. Schon die Gliederung und die Terminologie entspricht dem: Buch 1: Der Volksgenosse. 1. Abschnitt: Die Persönlichkeit des Volksgenossen. 1. Stück: Rechtsstellung in der Volksgemeinschaft. Dem entsprechen Vorschläge wie „Rechtsgenosse ist, wer Volksgenosse ist; Volksgenosse ist, wer deutschen Blutes ist". Materiell fällt auf, daß die Pflichtenstellung Ausgangspunkt für die Rechtsstellung der Person ist. Erst aus ihr leitet sich die Rechtsfähigkeit ab. So heißt es „Die Rechtsstellung in der Volksgemeinschaft ist Ausdruck der Persönlichkeit und Verantwortung des Volksgenossen". Diese Auffassung ist weit entfernt von der des BGB, nach dem das schlichte Menschsein Grundlage der Rechtsfähigkeit ist.

[15] Zu der engen Verbindung der Anerkennung einer allgemeinen gleichen Rechtsfähigkeit und der Überwindung des ständischen Staates vgl. *Conrad*, Individuum und Gemeinschaft in der Privatrechtsordnung des 18. und beginnenden 19. Jahrhunderts, Schriftenreihe der Juristischen Studiengesellschaft Karlsruhe, Heft 18.

[16] Zunächst hat allerdings das Christentum nicht auf Anerkennung jedes Menschen als Rechtssubjekt gewirkt, vgl. *Hubmann*, Das Persönlichkeitsrecht, 1953, S. 20 ff.

der Person als sittlich freier Persönlichkeit. Die Entwicklungsgeschichte des Rechtsfähigkeitsbegriffs zeigt, wie eng Recht und Sittlichkeit in ihrer Wurzel zusammenhängen; sie macht auch deutlich, daß jeder Rechtssatz Ausfluß der gesamten Kultur der Zeit ist, daß aber die einzelnen, in gleiche Richtung drängenden, sich überschneidenden, verdrängenden oder sich gar widersprechenden Motive nicht Inhalt der Norm werden.

Der Satz von der Rechtsfähigkeit des Menschen wirkt für alle Menschen, die damit zum möglichen Träger von Rechten und Pflichten, zum Willenssubjekt und zum Schutzobjekt der Rechtsgemeinschaft werden. Insoweit sind alle Rechtssubjekte gleich; die Ideenverbindung und der praktische Zusammenhang mit dem Gleichheitsgedanken, damit auch wieder der Gegensatz zur ständischen Rechtsauffassung liegen offen zutage.

Der Ableitung der Rechtsfähigkeit aus dem Menschsein entspricht ihr Umfang: Weil es teilweises Menschsein nicht gibt, gibt es auch keine Teilrechtsfähigkeit. Die entgegengesetzte, heute noch viel vertretene Meinung [17] geht wohl noch auf eine Fortwirkung früherer Systeme zurück. Wo die Rechtsfähigkeit Folge einer Gliedstellung oder einer Eigenschaft des Menschen war, liegt es außerordentlich nahe, dort, wo nur ein Teil der Voraussetzungen gegeben ist, auch Teilrechtsfähigkeit anzuerkennen.

Unterschiedliche Stellung des einzelnen Menschen wie auch Beschränkung der möglichen Rechte (z. B. Wirtschaftsfähigkeit als Voraussetzung der Hoferbenstellung) sind nicht Folge beschränkter Rechtsfähigkeit, sondern erklären sich daraus, daß die Rechtsordnung – zu Recht – den Erwerb dieser Rechte an besondere persönliche Voraussetzungen knüpft. Dem entspricht es auch, daß den Menschen unterschiedliche Pflichten auferlegt werden können.

Die Frage der Teilrechtsfähigkeit der juristischen Person ist, wie die ihrer Rechtsfähigkeit überhaupt, anders gelagert. Die Rechtsfähigkeit der juristischen Person ist nicht die Folge eines Kulturrechtssatzes oder einer allgemeinen Rechtsüberzeugung. Richtiger Auffassung nach handelt es sich bei ihr um eine rechtstechnische Einrichtung. Die Rechtsordnung hat es in der Hand, unter welchen Voraussetzungen sie eine Organisation zu einem formellen Anknüpfungspunkt für Rechte und Pflichten machen will. Hier ist also der Rechtssatz nicht anerkennend, sondern im wahrsten Sinne konstitutiv. Der Gesetzgeber spricht hier nicht etwas aus, an das er schon vorher

[17] Vgl. Biermann, Allgemeiner Teil, § 33, 5; *Enneccerus-Nipperdey*, Allgemeiner Teil § 83, Bem. 13; *von Tuhr*, Allgemeiner Teil I, S. 378; vgl. ferner *G. Dahm*, Deutsches Recht, 1951, S. 497 ff.

gebunden war, sondern er ist frei, um nicht zu sagen: Er kann nach seiner Willkür verfahren[18].

Daß der Einzelne um seiner selbst willen Rechtsperson ist, bedeutet nicht, daß seine Zugehörigkeit zu einer Gemeinschaft oder die Gliedstellung in ihr rechtlich bedeutungslos seien. Trotz der bedingungslosen Rechtsfähigkeit des Einzelnen wird er im Recht nicht isoliert gesehen. Es ist schon fraglich, ob der Einzelne als Person ohne Gemeinschaft überhaupt existenzfähig ist[19]. Abgesehen davon ist aber der Rechtsbegriff der Person geprägt durch das Wesen des Rechts als Gemeinschaftsordnung. Dadurch wird auch die durch das Recht dieser Gemeinschaft als Rechtssubjekt anerkannte Person inhaltlich zu dieser Gemeinschaft in Beziehung gesetzt. Die mannigfachen Schichten und Auswirkungen dieser Erscheinung lassen sich hier nicht schildern. Es sei nur betont, daß das Verhältnis Einzelner – Gemeinschaft ein echtes, spannungsgeladenes Rechtsverhältnis darstellt. Seine Gestaltung zu einem gegenseitigen Rechtsverhältnis, mit Rechten und Pflichten auf beiden Seiten, und die Schaffung eines entsprechenden Verfahrensrechts (z. B. Verwaltungsstreitverfahren) ist geradezu Kennzeichen der gesamten Rechtskultur unserer Zeit[20].

Im Rahmen dieser thesenförmigen Behauptung läßt sich die Bedeutung der Gliedstellung für das Leben des Menschen nicht schildern. Die Zugehörigkeit der Person zu Gruppen oder organisierten Gemeinschaften ist nirgends mehr für seine Rechtsfähigkeit von Bedeutung. Sie weist ihm auch nicht

[18] Vgl. zu dieser Auffassung *Hans J. Wolff*, Organschaft und Juristische Person, mit Übersicht und Kritik über die verschiedenen Ansichten; vgl. auch *Staudinger-Coing*, Einleitung zu § 21 ff., Bem. 2 ff.

[19] Vgl. dazu *Kipp*, Mensch, Recht und Staat, Köln 1947, S. 34 ff., der zu Recht auf die geistige und leibliche Gemeinschaftsbezogenheit und -abhängigkeit des Einzelnen hinweist, vgl. ferner *W. Sauer*, System der Rechts- und Sozialphilosophie, 1949, S. 86; *Tönnies*, Gemeinschaft und Gesellschaft, 1926, S. 3; *Hubmann*, Das Persönlichkeitsrecht, 1953, S. 51. In diese Gemeinschaft wird der Mensch „hineingeboren"; die Gemeinschaftsbindung steht am Anfang, sie ist nicht etwa das Ergebnis einer Entwicklung vom freien zum gebundenen Einzelnen, vgl. *R. Laun*, Die Menschenrechte, Hamburg 1948, S. 7. Die Beziehung Einzelner – Gemeinschaft ist ein gegenseitiges Rechte-Pflichten-Verhältnis; der Satz von *Jellinek*, Das System der subjektiven öffentlichen Rechte, Tübingen 1919, S. 82 „Aus dem Wesen des Menschen ergibt sich historisch und logisch als notwendig nur die Pflicht, aber nicht das Recht gegen den Staat" leugnet zu Unrecht die naturgegebene Doppelseitigkeit des Verhältnisses Einzelner – Gemeinschaft als *gegenseitiges* Rechte-Pflichten-Verhältnis. Die abgelehnte Auffassung widerspricht auch dem in Artikel 1 verbindlich festgelegten Staatszweck, vgl. dazu *Dürig*, Archiv des öffentlichen Rechts, 1956, S. 123.

[20] Vgl. dazu *Westermann*, Der Einzelne und die Gemeinschaft im Spiegel des Genossenschaftsrechts, in: Aktuelle Probleme des Genossenschaftswesens, Schriftenreihe des Genossenschaftsintituts der Universität Wien, Band 4, Göttingen 1957.

automatisch bestimmte Rechte und Pflichten zu, wie der frühere Stand es tat, wohl aber gestaltet sie in hervorragendem Maße das Leben der Person und ist auch mittelbar rechtlich bedeutsam. Die Unzahl dieser Verflechtungen kann hier nicht einmal andeutungsweise aufgezeigt werden.

d) Daß die Person Wertgrundlage bestimmter Rechtseinrichtungen ist, ergibt sich dann daraus, daß im Zivilrecht der Mensch Rechtssubjekt, grundsätzlich kein Rechtsobjekt ist. Von diesem Standpunkt aus ist die scheußliche Terminologie „Menschenmaterial" juristisch ein Widerspruch in sich selbst[21]. Die Bindungen des Menschen erscheinen als Rechtspflichten, und diese wenden sich an den menschlichen Willen. Der Mensch ist insoweit Empfänger des Rechtsbefehls, nicht Ausübungsobjekt fremder Rechtsmacht. Am deutlichsten wird das bei Betrachtung des Zwangsvollstreckungsrechts: Grundsätzlich ist nur das Vermögen des Schuldners, nicht seine Person Zugriffsgegenstand. Wo es auf das Handeln des Menschen ankommt, wird im Wege der Zwangsvollstreckung auf seinen Willen eingewirkt, wobei § 888 Abs. 2 ZPO in weiser Selbstbeschränkung dem Rechtszwang dort Grenzen setzt, wo er nach unserer heutigen Auffassung zu sehr in die persönliche Sphäre eingreifen würde. Am ehesten ließe sich von einer Rechtsobjektivität des Menschen dort reden, wo das Kind der elterlichen Gewalt unterworfen ist. So spiegelt z. B. § 1632 BGB (Anspruch auf Herausgabe des Kindes gegenüber Dritten) die absolute Natur des Herrschaftsrechts am Kind wider. Die absolute Natur des Rechts und die Behandlung des Kindes als Objekt stehen in gewisser Verbindung. Die Objektsvorstellung ist aber doch äußerst abgeschwächt und führt kaum zu praktischen Ergebnissen, so gibt es z. B. keinen Besitz am Kinde. Im übrigen überwiegt der Pflichtencharakter, der in jedem Recht stecken kann, bei der elterlichen Gewalt eindeutig. Nicht um seiner selbst willen hat deren Inhaber das Recht, sondern um damit seiner Pflicht zur Erziehung des Kindes genügen zu können. Die sonstigen familienrechtlichen Beziehungen zwischen den Menschen zeigen das übliche Bild. Auch in der engsten Beziehung der Ehe stehen sich die Ehegatten ausschließlich als Rechtssubjekte gegenüber.

Die Wertgrundlage des Satzes von der ausschließlichen Subjektseigenschaft des Menschen bedarf keiner Begründung.

[21] Vgl. dazu *Welzel*, Vom irrenden Gewissen, Tübingen, 1945, Recht und Staat Nr. 145, S. 28; ferner *G. Dürig*, Der Grundrechtssatz von der Menschenwürde, Archiv des öffentlichen Rechts, 1956, S. 117 ff., insbes. S. 136 ff.; nach ihm ist einer der „Kernsätze" für die Konkretisierung von Art. 1 im Rahmen des Art. 19 II BGB das Verbot, den Menschen zum Objekt eines staatlichen Verfahrens zu machen.

e) Ein weiterer Anhaltspunkt für unsere Betrachtung des Menschen als Wert ergibt sich daraus, daß jede Person ohne Rücksicht auf ihre Eigenart einen unauswechselbaren Wert im Sinne der rechtlichen Güterabwägung darstellt[22]. Das hat primär für das Strafrecht Bedeutung, ist aber auch im Zivilrecht praktisch. So ist z.B. für §§ 228 und 904 unzweifelhaft, daß der Mensch gegenüber jeder gefahrdrohenden oder neutralen Sache ohne Rücksicht auf deren Preis, Güte oder Menge das höherwertige Rechtsgut ist. Nirgends kann auch der eine Mensch dem anderen gegenüber vergleichend höher oder niedriger gestellt werden.

f) Die Würde der Person ist letztlich auch die Grundlage für die Anerkennung und Verbindlichkeit der Willenserklärungen: Der Wille des Menschen ist um seiner selbst willen grundsätzlich für ihn und im Bereich seiner Zuständigkeit für andere verbindlich. Es bedarf keines Rückgriffs darauf[23], daß der Wille des Menschen vermutlich vernünftig oder mit den Interessen der Allgemeinheit übereinstimmend sei. Darin zeigt sich eine Parallelität: So wie die Rechtsfähigkeit im Menschen ihre Rechts- und Wertgrundlage hat, so ist die Verbindlichkeit der Willenserklärung in der Würdigung des menschlichen Willens letztlich begründet.

Die Verbindungslinie zur Freiheit des Willensentschlusses und zur dementsprechenden Selbstverantwortung ist deutlich. Dieser Grundlage des Rechts der Willenserklärung entspricht ein weitgehender Verzicht auf rechtliche Bevormundung des Menschen.

Auf der gleichen Linie liegt die für das 19. Jahrhundert kennzeichnende Befreiung der Person von allen privatrechtlichen Schranken. Die Anerkennung des Menschen als sittlich frei legt es nahe, ihn auch rechtlich so frei wie möglich zu stellen. Dieser Gedanke ist, wie hier nur angedeutet werden kann, mit aller Folgerichtigkeit bis an die Grenze des Erträglichen durchgeführt. Über dem Gedanken der Freiheit der Person ist der des sozialen Ausgleichs und des Schutzes der sozial Schutzbedürftigen teilweise vernachlässigt worden.

g) Neben der Anerkennung der Person als Rechtssubjekt und der Anerkennung ihres Willens als verbindlich ist der Schutz der Person für ihre rechtliche Bewertung kennzeichnend.

Ausgangspunkt ist § 823 BGB; er ist aber nicht als umfassende Schutznorm gefaßt, die den gesamten Lebenskreis der Person als absolutes Rechtsgut

[22] Zum Grundsätzlichen vgl. auch *Kipp*, Mensch, Recht und Staat, Köln 1947, S. 27.

[23] Ansätze zu dieser Betrachtung bahnten sich bezeichnenderweise zwischen 1933 und 1945 an.

schützt, sondern Schutzobjekt nach § 823 sind jeweils nur bestimmte Rechtsgüter der Person, d. h. Leben, Gesundheit, Freiheit und Körper. Die andere Möglichkeit wird bei einem Vergleich mit Artikel 28 „Wer in seinen persönlichen Verhältnissen unbefugterweise verletzt wird, kann auf Beseitigung der Störung klagen" des schweizerischen Zivilgesetzbuches deutlich. Das BGB schützt nicht den ganzen Lebenskreis der Person, sondern immer nur einzelne Rechtsgüter. Zu beachten ist aber, daß § 823 Abs. 1 durch besondere Schutzgesetze ergänzt wird, vgl. § 823 Abs. 2. Ferner gibt es Einzeltatbestände, so z. B. den Ehrenschutz in § 824.

Wenn so das Zusammenwirken der Einzeltatbestände auch den Menschen weitgehend schützt, so fehlt dem BGB doch ein Tatbestand, der den gesamten Ausstrahlungskreis und Wirkungsbereich der Person zum geschützten Rechtsgut erklärt. Das gilt insbesondere für die geistigen, seelischen oder sonstigen personenrechtlichen Ausstrahlungen und Einwirkungsbereiche der Person. Das mag zusammenhängen mit dem Einbau der Schutznorm in das Schadensrecht und mit der Tatsache, daß das BGB kein eigentliches Personenrecht entwickelt hat. Maßgeblich ist wohl auch gewesen, daß das Zivilrecht nur schrittweise den Menschen als zentralen Wert herausgearbeitet hat.

Ansätze zur weiteren Entwicklung des typischen Personenschutzes entnahm die Rechtsprechung dem § 12 BGB (Namensschutz). Hier ist auf dem Weg über den Schutz des Namens als Identifizierungsmittel der Person die menschliche Zusammengehörigkeit in der Familie zum Schutzobjekt erhoben[24]. Ferner wird § 12 angewandt, um jede unrichtige Behauptung einer Beziehung anderer Personen oder Sachen zu dem Namensträger abzuwehren.

Auf der gleichen Linie liegt die Entwicklung des „Rechts am eigenen Bild" durch § 22 Kunsturhebergesetz. Die Person ist hier dagegen geschützt, daß sie ohne ihren Willen und ohne anzuerkennenden Grund dem Interesse der Öffentlichkeit ausgesetzt wird. Das soll vielmehr der Entscheidung des Einzelnen überlassen bleiben. Von hier aus ist es folgerichtig, daß „Persönlichkeiten der Zeitgeschichte" kein solches Untersagungsrecht haben: Bei ihnen ist dieser Schritt in die Öffentlichkeit schon geschehen. Die Veröffentlichung des Bildes macht nur deutlich, was schon vorher war[25].

[24] BGH NJW 53, 578.

[25] Es ist übrigens interessant, daß dieser Personenschutz gewissermaßen nebenbei entwickelt wurde; Anlaß des Gesetzes war der Schutz des Urhebers, und nur bei dieser Gelegenheit holte der Gesetzgeber ein Versäumnis des BGB nach. Das zeigt, daß sich der Mensch als zentraler Wert des Zivilrechts erst im Laufe einer langsamen Entwicklung durchsetzt.

In diese Entwicklung gehören die Bestrebungen, ein „allgemeines Persönlichkeitsrecht" zu schaffen[26]. Es handelt sich dabei darum, ob es einen umfassenden Schutz des ganzen von der Person erfüllten Lebenskreises gibt, bei dem dieser Lebenskreis den absoluten Rechten gleichgestellt würde. Die ältere Praxis[27] verneint die Frage. Unter dem Einfluß des Bonner Grundgesetzes hat der BGH den Schritt zur Anerkennung des allgemeinen Persönlichkeitsrechts getan[28]. Das umfangreiche Problem kann hier nicht erörtert werden. Es genügt in diesem Zusammenhang der Hinweis auf die kräftigen Tendenzen zur Anerkennung eines solchen allgemeinen Personenschutzes[29].

II. Begriff und Wertung der Persönlichkeit

1. So sicher der Personenbegriff des geltenden Rechts ist, so schwierig ist die Frage zu beantworten, ob das Zivilrecht einen entsprechenden allgemeinen Begriff der Persönlichkeit kennt. Zur Klarstellung sei nochmals bemerkt, daß in unserem Zusammenhang der Begriff der Persönlichkeit von dem der Person unterschieden werden soll[30]. Alle Definitionsversuche, die den Menschen schlechthin als Persönlichkeit kennzeichnen, z. B. wegen seiner Fähigkeit,

[26] Vom Standpunkt unserer Untersuchung aus müßte die Terminologie „allgemeiner Personenschutz" gewählt werden, denn es dreht sich darum, einen unterschiedlos allen Menschen zugute kommenden Schutz über die ausdrücklichen gesetzlichen Vorschriften hinaus zu entwickeln.

[27] RG 51, 373; 139, 88.

[28] Vgl. BGH 13, 334. Aus der unübersehbaren Literatur vgl. nur neuerdings *Hubmann*, Das Persönlichkeitsrecht, 1953, mit Aufzählung der verschiedenen Ansichten in § 2 Anm. 2.

[29] Die Problematik ergibt sich vor allem aus der gewünschten Absolutheit des Schutzes. Es ist mir recht zweifelhaft, ob die Individualsphäre der Bürger zueinander mit der Eindeutigkeit und Erkennbarkeit abgegrenzt werden kann, die für die „Warnwirkung des absoluten Rechtsgutes" erforderlich ist. In aller Regel wird eine Interessenabwägung erforderlich sein, zumal besonders häufig die Verletzung der einen Individualsphäre durch Ausstrahlungen einer anderen Person veranlaßt sein kann (z. B. in einem Schriftwerk – d. h. einer schöpferischen Leistung einer Person – wird Charakter und Lebensbild einer anderen Person dargestellt). Ich neige daher dazu, den Weg der schrittweisen Konkretisierung der Ausstrahlungen der Person als Schutzobjekte vorzuziehen (vgl. dazu *Schulz-Schaeffer*, Persönlichkeitsrecht und Rechtserneuerung, Festgabe für *E. Jung*, 1937, S. 197). Diese wären dann auch nicht absolut, sondern relativ zu schützen, vgl. dazu *Larenz* „Das allgemeine Persönlichkeitsrecht" im Recht der unerlaubten Handlungen, NJW 55, 521.

[30] Aus diesem Grunde unterscheidet sich der hier unternommene Versuch einer Begriffsbestimmung von der Definition *Jellineks*, System der subjektiven öffentlichen Rechte, Tübingen 1919, S. 28, 82 und passim, in der Person und Persönlichkeit gleichgestellt und als Ergebnis der staatlichen Zuerkennung der Rechtsfähigkeit verstanden werden. Rechtsperson und Rechtspersönlichkeit stellt gleich auch *H. Coing*, Menschliche Person und Menschenrechte, Beiträge zur Rechtsforschung, 1950, S. 192.

sittlich frei zu handeln, beabsichtigen, den Menschen zu beschreiben, versuchen aber nicht, innerhalb des Menschenbegriffs zu kategorisieren. Das Bemühen um einen derartigen Persönlichkeitsbegriff muß ausgehen von dem Versuch einer abstrakten Formulierung dessen, was wir meinen, wenn wir einen Menschen als Persönlichkeit bezeichnen. Entsprechend dem Wesen und der Technik der Fassung von Rechtsnormen darf die Fragestellung sich aber nicht auf den Versuch beschränken, Merkmale für die Kennzeichnung des Einzelindividuums als Persönlichkeit zu bestimmen; das Ziel ist vielmehr, einen vom Einzelindividuum losgelösten allgemeinen Rechtsbegriff zu bestimmen, in dem die Wertvorstellung des Gesetzgebers sich niedergeschlagen hat.

Die rechtswissenschaftlichen Begriffsbestimmungen [31], die anläßlich der Erörterung des oben erwähnten allgemeinen Persönlichkeitsbegriffs aufgestellt sind, sind für dieses Vorhaben nicht verwendbar. Sie bewegen sich nämlich nicht in der Richtung einer Unterscheidung von Person und Persönlichkeit, sondern erfassen, indem sie sich um die Fortentwicklung des allgemeinen Personenschutzes bemühen, alle Menschen.

Ausgangspunkt der Untersuchung, ob es einen solchen Person und Persönlichkeit unterscheidenden Rechtsbegriff gibt, kann sein, daß der Sprachgebrauch den Begriff der Persönlichkeit im Sinne auszeichnender Hervorhebung des so Gekennzeichneten versteht. So glaube ich das Goethewort „Höchstes Glück der Erdenkinder sei nur die Persönlichkeit“ im Sinne einer Unterscheidung von Person und Persönlichkeit verstehen zu müssen. Betrachtet man die soziale Wirklichkeit, so scheint mir vom Ausstrahlungskreis des Menschen aus gesehen die Unterscheidung möglich, wenn nicht gar zwingend zu sein.

In der Gesetzessprache finden sich Ansätze dazu, den Persönlichkeitsbegriff von dem der Person zu sondern. So ist es vielleicht nicht zufällig, daß das Bonner Grundgesetz in Art. 1 von der Würde des Menschen und in Art. 2 von der Entfaltung der Persönlichkeit spricht. Anklänge an unsere Unterscheidung finden sich m. E. dort, wo vom Urheber-Persönlichkeitsrecht die Rede ist. Dagegen ist wohl § 1 Aktiengesetz mit der Terminologie „Gesellschaft mit eigener Rechtspersönlichkeit“ hier ohne Bedeutung. Gerade bei der juristischen Person ist über die Anerkennung eigener Rechtsfähigkeit und damit einer formalen Gleichstellung mit der natürlichen Person nicht hinaus-

[31] Vgl. die Aufzählung der Bestimmungsversuche bei *Hubmann*, Das Persönlichkeitsrecht, 1953, S. 4. Entsprechend dem Ansatzpunkt, den Menschen als besonderen Wert in allen seinen Ausstrahlungen zu schützen, bemüht man sich, in die Begriffsbestimmung irgendeine Aussage über das Wesen oder den Wert des Menschen hineinzunehmen.

zugehen. Wenn in der Literatur der Begriff des „Bildnisses aus dem Bereich der Zeitgeschichte“ mit dem der „Persönlichkeit der Zeitgeschichte“ gleichgestellt wird, so hat dabei wohl die Vorstellung mitgewirkt, daß es sich dabei um Menschen besonderer Art oder doch besonderer Bedeutung handele, so daß hier Anklänge an den Persönlichkeitsbegriff feststellbar wären. Auch der Entwurf des Volksgesetzbuches ist wohl in dieser Richtung zu verstehen, wenn er bei der Regelung der Rechtsfähigkeit von Persönlichkeit redet, zumal hier ja, wie aufgezeigt, an Stelle des allgemeinen Personenbegriffs Kategorisierungen und Differenzierungen gewollt waren. Insgesamt sind das aber doch nur schwache Ansatzpunkte; weitgehend werden Person und Persönlichkeit zum Teil synonym, zum Teil zwar abgestuft, aber doch ohne bewußte begriffliche Unterscheidung verwandt.

Ein Versuch einer eigenen Begriffsbestimmung ist also unumgänglich. Die Schwierigkeiten dieses Beginnens sind außerordentlich groß, wenn nicht gar unüberwindbar. Die Fragwürdigkeiten und Widerstände sind noch ungleich größer als bei dem Bemühen, sich darüber klar zu werden, welche Merkmale es sind, die uns zu der Feststellung berechtigen, einzelne Individuen seien Persönlichkeiten. Es darf auch nicht vergessen werden, daß es sich darum dreht, einen Rechtsbegriff zu bestimmen, d. h. das unumgängliche Erfordernis der Praktikabilität rechtlicher Begriffsbestimmungen verlangt einen Begriff mit, wenn auch nicht absolut festen, so doch möglichst sicheren Abgrenzungen. Für die rechtliche Betrachtung scheiden dann, was bei der Persönlichkeit als Betrachtungsgegenstand besonders bedeutungsvoll ist, die ausschließlich auf das Innenleben der Menschen beschränkten Merkmale aus. Dem Wesen des Rechts entspricht es, auf das im Sozialleben Wirksame abzustellen. Diese Erwägungen sind bedeutungsvoll, wenn man sie mit dem mir vorschwebenden Persönlichkeitsbegriff in Beziehung setzt. Soweit ich zu übersehen vermag, wird es sich immer darum handeln, im Sinne des unterscheidenden Begriffs *eine Menschenart mit Rücksicht auf ihr inneres Wesen als Menschen mit Persönlichkeit zu kennzeichnen.* Diese Merkmale sind nun zur allgemeinen Begriffsbildung kaum geeignet.

Ob ein dem letzten menschlichen Geheimnis so nahekommender Begriff wie Persönlichkeit sich überhaupt rechtlich brauchbar fassen läßt, bleibt zweifelhaft. Jede Begriffsbildung wird auch von den folgenden Umständen erschwert. So sehr formal und möglichst umfassend der Personenbegriff auch bewußt bestimmt ist, so ist doch nie zu vergessen, daß im Personenbegriff enthalten ist die Möglichkeit der Person, zu individueller Ausgestaltung zu kommen; oder anders ausgedrückt: Wenn auch die individuelle Ausprägung nicht Voraussetzung des Personenbegriffs ist, so sichert doch das Recht jeder Person die Möglichkeit einer solchen Ausprägung zu. Insofern läßt sich die „Person als potentielle Persönlichkeit" oder die „Persönlichkeit als Fortentwicklung der Person" kennzeichnen.

Die Begriffsbildung wird weiterhin dadurch erschwert, daß die Wahl der Merkmale, die als persönlichkeitsprägend anzusehen sind, naturgemäß durch die Person des Beurteilers beeinflußt wird. Bei allen Bemühungen, subjektive Wertungen zurückzudrängen, wird es schwer oder gar nicht möglich sein, bei einem so weitgehend subjektiv bestimmten – um nicht zu sagen, subjektiv erregenden – Betrachtungsgegenstand wie der Persönlichkeit persönliche Werturteile und Wunschbilder des Betrachters auszuschalten.

Nach allem ist die Bildung eines Persönlichkeitsbegriffs nur so denkbar, daß die Beschreibung der im Menschentum enthaltenen Möglichkeiten mit einer ausprägenden Entfaltung und ihrer folgeweisen besonderen Kennzeichnung des Individuums versucht wird [32]. Ausgangspunkt ist also das Personsein. Die Persönlichkeit kann nur aus dieser allgemeinen Grundlage abgeleitet werden. Nach meiner Meinung entspricht dem auch das Verhältnis von Person und Persönlichkeit im Sprachlichen.

Bei richtiger Einschätzung aller dieser Schwierigkeiten und Hindernisse wird es verständlich, wenn ich zu dem Ergebnis komme, daß ein allgemeiner Persönlichkeitsbegriff, der dem zentralen Personenbegriff entspräche, aus dem geltenden Zivilrecht nicht abzuleiten ist.

Zu prüfen bleibt nur, ob das Gesetz in einzelnen Rechtseinrichtungen das gewertet hat, was einerseits den Einzelmenschen seinem ihm eigenen Wesen nach auszeichnet und prägt, also im landläufigen Sinne zur Persönlichkeit macht und was andererseits von dem so gekennzeichneten Menschen auf das Sozialleben im weitesten Sinne ausgeht. Falls eine Einigung über solche prägenden Eigenschaften möglich ist, ließe sich insoweit von Persönlichkeitswerten als Grundlage der Norm sprechen.

Solche persönlichkeitsbildenden Faktoren sind in den unterschiedlichsten Schichten des Menschlichen möglich. Sicher ist auch die Auswahl und die Betonung der einzelnen Faktoren in den verschiedensten Disziplinen sehr unterschiedlich. Für die Rechtswissenschaft glaube ich, ohne Anspruch auf Vollständigkeit, hervorheben zu können: Der Wille und die Fähigkeit, in Freiheit zu entscheiden, Verantwortung für sich und gegebenenfalls für an-

[32] Ähnlich *Hubmann*, Das Persönlichkeitsrecht, 1953, S. 62, „Persönlichkeit ist also eine durch schöpferische Selbstentfaltung erreichte eigentümliche Verwirklichung des Menschenbildes".

dere und für die rechtliche Gemeinschaft zu übernehmen. Daneben werden alle die Wesenszüge, durch die der Mensch auf seine Umwelt und Nachwelt zu wirken vermag, hierher zu rechnen sein.

Der Persönlichkeitsbegriff ist damit in besondere Beziehungen zur Gemeinschaft gesetzt. Der Gedanke der pflichtenbegründenden Einfügung der Persönlichkeit, der schon bei der Person hervorgehoben ist, wird damit wieder aufgenommen und noch stärker betont. Das ständige Ringen um die richtige rechtliche Bestimmung der Grenzen und Möglichkeiten des Einzelnen in der Gemeinschaft wird damit zu einem Kernbestandteil des von mir zu umreißenden Persönlichkeitsrechts. Dabei ist unsere Zeit deutlich durch eine verhältnismäßig enge Bindung der Persönlichkeit an die Gemeinschaftszwecke bestimmt. Der Gedanke des sozialen Rechtsstaats und die wirtschaftlichen und geistigen Bestrebungen, die zu ihm geführt haben, lassen sich nur verwirklichen bei äußerer und innerer Pflichtenbindung der Glieder der Rechtsgemeinschaft.

Diese Bindung wirkt sich auch auf die rechtliche Bewertung der persönlichkeitsbildenden Faktoren aus, wie andererseits die Gemeinschaft abhängig ist von der Entwicklung der Kräfte ihrer Glieder.

Von den Kräften dieser Persönlichkeiten erhält das Gemeinschaftsleben wesentliche Impulse. Das gilt für die Schaffung der äußeren Lebensvoraussetzungen und entscheidender noch für die geistige Entwicklung. Die Persönlichkeit wird damit zu einem erheblichen Wert für das Sozialleben [33]. Auf dieser Grundlage wird das Verhältnis zwischen Persönlichkeit und Gemeinschaft zu einem echten Rechts- und Spannungsverhältnis mit gegenseitigen Rechten und Pflichten.

2. Nach diesem Versuch einer allgemeinen Begriffsbestimmung bleibt die Aufgabe, Normen mit besonderen persönlichkeitsbildenden Faktoren als Wertgrundlage herauszustellen. Aus der Fülle der möglichen Untersuchungsgegenstände können nur einzelne Beispiele herausgegriffen werden, wobei der Versuch einer Gruppierung nach der Art der persönlichkeitsbildenden Faktoren und ihrem Wirkungsgebiet empfehlenswert ist [34].

[33] Vgl. dazu *W. Sauer*, Rechts- und Sozialphilosophie, 1949, S. 87.

[34] Von Art. 2 Abs 1 BGG soll dabei abgesehen werden; auch wenn man Art. 2 als wirksames Grundrecht ansieht (vgl. die Zusammenstellung der Ansichten bei *von Mangoldt-Klein*, S. 166 ff.), ist zuzugeben, daß mit Art. 2 allein eine Entscheidung über menschliche Konflikte nicht möglich ist. Wohl aber ist Art. 2 als Impuls bedeutsam, die bisherige Auslegung vorhandener Vorschriften daraufhin zu untersuchen, ob sie der in Art. 2 verbindlich ausgesprochenen Wertung entsprechen.

a) Schon bei der Untersuchung der Normen mit der Person als Wertgrundlage ist auf das Recht der Handlungsfähigkeit, insbesondere der Willenserklärung hingewiesen; es beweist, daß der Gesetzgeber des BGB von der Freiheit der menschlichen Entscheidungen und von der Notwendigkeit, diese freie Willensentscheidung um ihrer selbst willen anzuerkennen, überzeugt war. Hier wird deutlich, wie Person und Persönlichkeit als Wertgrundlage ineinanderfließen.

Als Ausflüsse des Persönlichkeitsrechts können dann auch der zivilrechtliche Schutz der Freiheit der Meinungsäußerung [35] und das Recht auf Freiheit der künstlerischen Betätigung angesehen werden [36].

b) Die nächste recht umfangreiche Gruppe von Normen findet sich im Wirtschaftsrecht. Hier wäre eine besondere Untersuchung notwendig, um alle die Vorschriften, die die Freiheit und die entsprechende Verantwortung des Unternehmers sichern wollen, zusammenfassend darzustellen. Eine derartige Untersuchung würde weit über das eigentliche Privatrecht hinausreichen. Auf sie ist daher aus Raumgründen zu verzichten.

Zum unmittelbaren Gegenstück zu den die Stellung des Unternehmers betonenden Rechtseinrichtungen können das Betriebsverfassungsrecht und das Mitbestimmungsrecht der Arbeitnehmer bei bestimmter Sinngebung werden. Von diesem Standpunkt aus sind die betr. Vorschriften dann weniger ein Mittel, die vermögensrechtliche Beteiligung der Arbeitnehmer am Gewinn des Unternehmens zu sichern (so insbesondere in Form der Sozialleistungen der Unternehmer), als vielmehr ein Weg, Mitverantwortung und Mitgestaltung durch die Arbeitnehmer für die sozialen Entscheidungen innerhalb des Betriebes und für ihren eigenen Arbeitsplatz und für den Betrieb selbst als erhaltenswertes Glied der Volkswirtschaft zu veranlassen. In unseren Zusammenhang gehören diese Rechtseinrichtungen, da sie insgesamt gedacht und geeignet sind, den persönlichkeitsbestimmten und -bestimmenden Kräften Ausdruck zu verleihen. Daß sie sich mit dem Gedanken der Repräsentation verbinden, steht nicht im Wege: Auch das Bewußtsein, durch einen gewählten Vertreter mitgestaltend zu wirken und durch ihn Mitverantwortung zu tragen, kann persönlichkeitsprägend wirken. Auch diese Gedanken können hier wegen ihrer engen Verzahnung mit den Fragen des Arbeitsrechts im weiteren Sinne nicht ausgeführt, sondern nur angedeutet werden.

[35] Vgl. dazu *Hubmann*, Das Persönlichkeitsrecht, 1953, S. 158.

[36] Vgl. z. B. RG 119/413, 414; zu den Grenzen der künstlerischen Betätigungsfreiheit vgl. OLG Kiel JW 30, 78; OLG Nürnberg, Ufita 1929, 595, die dem Schutz der Privatsphäre der in einem Theaterstück dargestellten Personen den Vorrang einräumen.

Die Rechtseinrichtungen, soweit sie Freiheit und Verantwortung des Unternehmers betonen und sichern und soweit sie die Mitverantwortung des Arbeitnehmers begründen, erweisen sich vom Standpunkt unserer Betrachtung aus also nicht als unvereinbare Gegensätze, sondern letztlich als Einzelausdruck einer einheitlichen Wertvorstellung und eines auf die Persönlichkeit ausgerichteten Ordnungswillens für das Sozialleben. Sie weisen beide auch die typischen Merkmale der Normen mit persönlichkeitsprägenden Faktoren als Grundlage auf: Wie bei allen Normen dieser Art ist die Gefahr des Zusammenstoßes besonders groß. Das hat seine Grundlage in der schwer bestimmbaren Begrenzung der Persönlichkeit und ihres Ausstrahlungskreises. Die Notwendigkeit, sorgfältig abzugrenzen und widerstreitende Interessen auszugleichen, wird deutlich, zumal bei der Persönlichkeit als Wert- und Schutzobjekt der Norm die äußere Trennungsgrenze mit der automatischen Begrenzung und Sicherung der Lebensgüter fehlt und naturgemäß fehlen muß: Eigentum, Besitz und andere absolute Rechtsgüter treten nach außen deutlich erkennbar hervor. Ihre Feststellbarkeit in der Welt der Tatsachen bedeutet für Dritte eine Warnung vor Verletzung dieser Rechtsgüter; bei der Persönlichkeit als besonderer Ausprägung des Menschentums fehlt die nach außen sichtbare Manifestation überhaupt.

Auch die bei allen hier zu untersuchenden Normen naheliegende Gefahr der allzu „persönlichen Betrachtung" und der Einmischung persönlichkeitsbetonter Momente in die objektive Wertung und in die primär geistige Auseinandersetzung wird hier deutlich. So erklärt sich auch der zum Teil leidenschaftliche Ton der Diskussion dieser Fragen.

c) Aus der Fülle der Erscheinungen, die hier nicht alle aufgezählt werden können, möchte ich noch auf das Genossenschaftsrecht hinweisen. Für mich ist das Genossenschaftsrecht dadurch gekennzeichnet, daß es als Mittel gewollt ist, die freien Einzelpersönlichkeiten als Träger eines Betriebes oder eines Haushaltes zu einem „gemeinschaftlichen Geschäftsbetrieb" zusammenzuschließen mit dem Erfolg, daß Freiheit und Verantwortung der Einzelnen erhalten bleiben, gleichwohl aber dem Einzelnen die Vorteile der Konzentration der wirtschaftlichen Kräfte zugute kommen, ohne die er sich nicht oder nur schlecht in einer Wirtschaft, die durch diese Konzentration gezeichnet ist, zu halten vermag[37]. Das Genossenschaftsrecht ist bis in die Einzelheiten hinein durch dieses Streben gekennzeichnet: Es verlangt in § 1 GenG

[37] Vgl. dazu *Westermann*, Der Einzelne und die Gemeinschaft im Spiegel des Genossenschaftsrechts in: Aktuelle Fragen des Genossenschaftswesens, Schriftenreihe des Instituts für Genossenschaftswesen an der Universität Wien, Heft 4, Göttingen, 1957.

zwingend, daß die Genossenschaft ihre Mitgliederbetriebe fördert, statt ihnen einen Geldgewinn zuzuwenden; die Genossenschaft stellt also nur die Mittel zur Verfügung, die der Einzelne anzuwenden hat. Das Genossenschaftsrecht baut auf der freien Einzelpersönlichkeit auf, ihr Entschluß ist für Ein- und Austritt entscheidend (im Gegensatz zu Zwangsmitgliedschaften bei Genossenschaften der Vergangenheit oder bei genossenschaftsähnlichen Gebilden des öffentlichen Rechts). Das Innenleben der Genossenschaft ist dadurch gekennzeichnet, daß die Genossen selber für die Geschicke der Genossenschaft verantwortlich sind (Funktion der Genossenversammlung, zwingende Regelung dahin, daß die Organe Genossen sein müssen). Die so gesicherte Selbstverantwortung mündet letztlich in der persönlichen Haftung der Genossen für die Verbindlichkeiten der Genossenschaft. Dem Aufbau der Genossenschaft auf der Selbstverantwortung der freien Persönlichkeit entspricht der Selbsthilfecharakter der genossenschaftlichen Wirtschaft im Gegensatz zum Wunsch nach staatlicher Subvention. Rechtlich findet das seinen Niederschlag in dem genossenschaftlichen Grundsatz der Autonomie der Genossenschaft gegenüber dem Staat.

d) Um eine andere Art persönlichkeitsbestimmter und -bestimmender Normen handelt es sich bei all den Rechtssätzen, die im Eltern-Kind-Verhältnis die Erziehung regeln. Der Begriff der Erziehung ist bekanntlich schwer zu bestimmen. Vom Standpunkt der Rechtswissenschaft aus glaube ich sagen zu können, daß Erziehung verstanden werden kann als Heranbildung zur Persönlichkeit. Dieser Erziehungsbegriff deckt sich mit einem der Ausgangspunkte dieser Betrachtung, nämlich dem, daß Persönlichkeitsbildung Ausprägung der im Menschen potentiell enthaltenen Wesenszüge ist.

Die Verbindungslinie des Erziehungsrechts zu unserem Thema ergibt sich von diesem Standpunkt aus ohne Schwierigkeiten, und zwar einmal dadurch, daß das Ziel der Erziehung Persönlichkeitsbildung ist, zum andern, daß es sich bei der Tätigkeit des Erziehenden in ganz ausgeprägtem Maße um Entfaltung von Persönlichkeitswerten handelt.

Der Versuch der Definition der Erziehung als Heranbildung zur Persönlichkeit muß offenlassen, wie das Persönlichkeitsbild, zu dem erzogen werden soll, zu bestimmen ist. Angesichts der unübersehbaren Vielfalt der möglichen Persönlichkeitsarten im einzelnen ist das weder möglich, noch im Hinblick auf das mit dem Persönlichkeitsbegriff verbundene Postulat der Freiheit erlaubt. Es kann vielmehr nur so sein, daß die Bestimmung des Persönlichkeitsbildes dem jeweils Erziehungsberechtigten überlassen bleibt. Insofern enthält die elterliche Gewalt, die sonst ausgesprochen als Pflichtrecht gekennzeichnet ist, Bestandteile, die ein eigenes Interesse des Gewaltinhabers sichern. Das ist deswegen gerechtfertigt, weil diese Interessen nicht materieller Natur sind. Das Erziehungsrecht des Inhabers der elterlichen Gewalt wird damit zum echten Recht auf die Verwirklichung oder Erhaltung des Menschenbildes, das dem Erziehungsberechtigten als Ideal vorschwebt.

Das so verstandene Recht auf Erziehung wirkt gegenüber dem Staat, der im Rahmen der staatsbürgerlichen Notwendigkeiten das Recht des Erziehenden auf Bestimmung des Menschenbildes als Erziehungsziel zu respektieren hat, es wirkt aber auch gegenüber dem zu Erziehenden. Die Abhängigkeit des Erziehungsziels von dem dem Erzieher vorschwebenden Menschenbild läßt die Persönlichkeitsbetonung, um nicht zu sagen Gefühlsabhängigkeit der Wertungen im Persönlichkeitsrecht besonders deutlich werden. Von hier aus ist es auch verständlich, daß alle Zweifels- und Streitfragen über die Inhaltsbestimmung des Erziehungsziels so typisch gefühlsbetont sind.

Mit der hier versuchten Kennzeichnung der Erziehung als Weg zur Erhaltung der geistigen Art des Erziehers wird der Wille zur Erziehung in eine gewisse Parallele zum Trieb zur biologischen Arterhaltung gestellt: So wie dieser die Fortpflanzung der Art sichert, so drängt der Trieb zur geistigen Arterhaltung den Menschen bewußt oder unbewußt in das Bemühen um die Formung der ihm anvertrauten jungen Menschen. Von diesem Standpunkt aus wird die mit anderem kaum vergleichbare Bedeutung des Eingriffs in Erziehungsrechte ins richtige Licht gerückt.

Wie es sich beim Erziehungsberechtigten bei der Erziehung um die Entfaltung von Persönlichkeitswerten handelt, so geht es auch für das Kind um seine eigene Persönlichkeit. Das zwingt gerade vom hier vertretenen Standpunkt aus zum Bemühen um sorgfältige Abgrenzung.

Das gilt zunächst für das Verhältnis der erziehenden Eltern zum zu erziehenden Kind, das vom Menschlichen und Rechtlichen her gesehen problematisch werden kann, sobald im Kind ein selbständiges Persönlichkeitsbild zu wachsen beginnt. Naturgegebene Spannungen – das uralte Vater-Sohn-Problem – müssen auftauchen, wenn die den Eltern und dem Kind, bewußt oder unbewußt, vorschwebenden Persönlichkeitsbilder unterschiedlich sind. Der oben gekennzeichnete Gehalt der elterlichen Gewalt als Recht zur Bestimmung des Persönlichkeitsbildes kann zum Vorrang des Bestimmungsrechts der Eltern vor dem des Kindes führen. Wenn aber oben auch eingeräumt ist, daß insoweit im Erziehungsrecht ein Stück Eigeninteresse des Inhabers der elterlichen Gewalt geschützt wird, so ist das nicht grenzenlos. Der Pflichtencharakter der elterlichen Gewalt wird hier vielmehr wirksam, oder anders ausgedrückt: Die im Kinde schlummernden und sich entfaltenden Persönlichkeitswerte sind den Persönlichkeitswerten der Eltern mindestens gleichwertig, so daß die Eltern zu der Prüfung verpflichtet sind, wie weit das dem Kinde – wohl in der Regel unbewußt – vorschwebende Persönlichkeitsbild von ihnen zu respektieren ist. Im Falle eines echten Konfliktes hat die Entfaltung der Persönlichkeit des Kindes den Vorrang vor dem Streben der Eltern nach geistiger Arterhaltung. Die Durchsetzung des elterlichen Willens entgegen ernstlichen und vernünftigen – wenn auch in persönlichen Ansichten und Wünschen begründeten — Entwicklungstendenzen des Kindes wird in der Regel mißbräuchlich sein. Das kann insbesondere für die Berufswahl praktisch werden. Eine ohne Rücksicht auf die persönliche Eigenart des Kindes ausgerichtete Erziehung bedeutet eine Überschätzung eigener Persönlichkeitswerte unter Opferung des dem Erziehungsberechtigten anvertrauten Kindes. Sie ist daher gerade vom Persönlichkeitsrecht aus als unzulässig zu bezeichnen.

Die im Grunde genommen gleiche Fragestellung kann auch im Verhältnis von Vater und Mutter als den gemeinsam Erziehenden auftauchen. Meinungsverschiedenheiten über das letzte Ziel der Erziehung oder über ihre Ausgestaltung oder über einzelne Maßnahmen können in unterschiedlichen Persönlichkeitsbildern von Vater und Mutter begründet sein. Nach dem bisherigen § 1634 BGB entschied bei solchen Meinungsverschiedenheiten der Vater. Für unsere Thematik bedeutet das, daß ihm also die Bestimmung oblag, zu welchem Persönlichkeitsbild hin das Kind erzogen werden sollte. Im Interesse der Einheit der Erziehung und damit zum Wohle der Entwicklung des Kindes glaubte das BGB der Mutter ein entsprechendes Opfer – nämlich im Streitfalle die Aufgabe ihres Persönlichkeitsideals zugunsten des Mannes – zumuten zu können und zu müssen. Die Größe dieses Opfers wird erst deutlich, wenn man, entsprechend dem oben Gesagten, den Trieb zur geistigen Arterhaltung in eine gewisse Parallele zum Trieb der biologischen Arterhaltung setzt.

Seitdem Artikel 3 Abs. 2 in Verbindung mit Art. 117 des Bonner Grundgesetzes alles Recht, das der Gleichberechtigung von Mann und Frau widerspricht, außer Kraft gesetzt hat, gilt § 1634 nicht mehr. Der Grund des verfassungsgesetzgeberischen Eingriffs in das System des BGB wird hier deutlich: Es ist letztlich wohl eine andere Auffassung als die des BGB-Gesetzgebers von Maß und Art der der Ehefrau innerhalb des ehelichen Bereichs zuzubilligenden Persönlichkeitsentfaltung. Während das BGB im Interesse der einheitlichen Gestaltung des ehelichen Lebens, insbesondere der Erziehung gerade bei den persönlichkeitsgestaltenden Rechtshandlungen, der Frau bestimmte Opfer für die Grenz- und Streitfälle zugemutet hatte, sieht der Verfassungsgesetzgeber des Bonner Grundgesetzes die Bindungen der Ehe und der Familie und die Notwendigkeit, eine einheitliche Willensbildung in ihr sicherzustellen, als nicht so stark an, daß sie eine Entfaltung der Persönlichkeitswerte der Frau verhindern dürften.

Der Gesetzgeber, der die durch Art. 3 BGB geschlagene Lücke auszufüllen hat, steht vor dem theoretisch schwierigen Problem, ein praktisch funktionierendes Gleichgewicht zu finden zwischen einerseits der Gleichwertigkeit der Persönlichkeiten der Ehegatten und andererseits der Notwendigkeit, das Recht zur Klammer für gefährdete und labile Ehen, statt zu ihrem Sprengstoff zu machen und die Einheitlichkeit der Erziehung zu sichern. Die Abwägung oder auch nur die grundsätzlichen Lösungsversuche können hier nicht einmal angedeutet werden. Die Aufgabe für dieses Thema scheint mir jedoch erfüllt zu sein, wenn diese Vorschriften und die mit ihnen zusammenhängenden Fragen als Beispiele für Normen mit Persönlichkeitswerten als Basis und Ziel gekennzeichnet sind.

e) Besonders deutlich wird die Anknüpfung an persönlichkeitsbestimmende Faktoren als Wertgrundlage im Urheberrecht. Die diesbezüglichen Vorschriften sind, wenn sie den bisher erwähnten gegenübergestellt werden, ein Beispiel dafür, daß persönlichkeitsbestimmte Normen auf den verschiedensten Schichten der Persönlichkeit aufgebaut werden können.

Die Anerkennung eines Rechts des Urhebers an seiner geistigen Schöpfung ist Ausdruck der modernen Persönlichkeitswertung. Der Schutz des Urhebers beruht auf der Überzeugung, daß das Urheber- und Erfinderrecht die geistige Leistung eines Menschen als für andere nachfühlbar oder auswertbar schützend anerkennen müsse. Ohne daß auf Einzelheiten hier eingegangen zu werden braucht, darf als unzweifelhafte Grundlage des Urheberrechts die geistige Leistung des Urhebers als ein Erfolg der Entfaltung menschlichen Wertes bezeichnet werden.

Kennzeichnend ist, daß die Entwicklung des Urheberrechts ein Erfolg der Naturrechtswelle des 18. Jahrhunderts ist. Bezeichnenderweise bemühte sich das Recht vorher nur um einen teilweisen Schutz des Verlegers oder Druckers, deren Tätigkeit sich in äußerlich greifbaren Ergebnissen niederschlägt. Ansatzpunkte des Schutzes des Urhebers selbst war dessen finanzielles Interesse an der Ausnutzung seiner geistigen Schöpfung. Das ist auch heute noch ein wesentlicher Zweck des Urheberrechts.

Es ist aber unverkennbar, daß über das finanzielle Interesse hinaus das Urheberrecht sich zu einem Urheber-Persönlichkeitsrecht entwickelt im Sinne einer rechtlich geschützten, fortdauernden und durch keine Veräußerung zu lösenden Werk-Schöpfer-Beziehung. Grundlage dieser Behandlung ist die Überzeugung, daß die geistige Leistung, d. h. das fertige Werk, entscheidend durch das individuelle Wesen seines Schöpfers bestimmt wird. Als Beispiel sei auf die bekannte Entscheidung RG 79, 397 aus dem Jahre 1912 hingewiesen. Hier handelte es sich darum, daß der Schöpfer des Freskogemäldes „Felseneiland mit Sirenen" sich gegen spätere Veränderungen des Bildes wehrte, unabhängig davon, daß das Gemälde in einem Privathaus nur einer beschränkten Personenzahl zugänglich war. Das Reichsgericht hat damals entschieden, der Künstler könne verlangen, daß sein Werk als Ausfluß der individuellen künstlerischen Schöpferkraft der Mit- und Nachwelt in seiner unveränderten individuellen Gestaltung zugänglich bzw. hinterlassen bleibt[38]. Die Entscheidung des Reichsgerichts ist in ihrer Absolutheit wohl kaum zutreffend. Im Einzelfalle sind sehr wohl Interessen des Werk-Eigentümers denkbar, die das Interesse des Schöpfers an der Unversehrtheit des Werkes zurückzudrängen vermögen. Den richtigen Weg weist hier Art. 6 bis der revidierten Berner Übereinkunft, demzufolge der Urheber das Recht hat, sich jeder Entstellung, Verstümmelung oder sonstigen Änderung des Werkes zu widersetzen, die seiner Ehre oder seinem Rufe abträglich sein würde[39]. Danach können geringfügige Abänderungen, die den Formwillen des Urhebers nicht beeinträchtigen, zulässig sein[40]. Dabei werden die Art des Werkes, seine Zweckbestimmung, der Grund und die Wirkung des Eingriffs

[38] Weitere Fälle aus der Rechtsprechung bei *Hoffmann*, Die Berner Übereinkunft zum Schutze von Werken der Literatur und Kunst vom 9. 9. 1886, revidiert in Berlin am 13. 11. 1908 und in Rom am 2. 6. 1928, Berlin, 1935, S. 114. Übereinstimmend auch die italienische Rechtsprechung, die über das in Art. 6 bis der rev. Berner Übereinkunft entsprechende landesgesetzliche Erfordernis, daß die Veränderung des Werkes der Ehre oder dem Ruf des Urhebers abträglich sein werde, hinausgehend, *jeden* Eingriff in den Formbestand des Werkes für eine Verletzung des Urheberpersönlichkeitsrechtes hält. Vgl. *Hoffmann*, a. a. O., S. 115. Einschränkender die norwegische Regelung, vgl. *Hoffmann*, a. a. O., S. 122.

[39] Vgl. hierzu die verschiedenen deutschen Entwürfe zur Urheberrechtsreform, dargestellt bei *Reimers*, Vergleichende Darstellung der geltenden deutschen Gesetzestexte und früherer Gesetzesentwürfe zum deutschen Urheberrecht, 1950, S. 30/31 und 42/43; vgl. auch das italienische Urhebergesetz von 1941 in Ufita 1941, 267, 268; sowie § 19 des Referentenentwurfs von 1954, der in etwa dem Art. 6 bis entspricht – zitiert bei *Schulze*, Recht und Unrecht. Eine Studie zur Urheberrechtsreform, München und Berlin, 1954, S. 35.

[40] So auch *Hoffmann*, a. a. O., S. 115, 116. Demnach wäre RGZ 102/141 zuzustimmen, wo die Weglassung einer nicht unwesentlichen Stelle eines Romans von Stringberg für unzulässig erklärt wurde.

von Bedeutung sein. Der Kern der RG-Entscheidung, die Anerkennung einer von Veräußerungen unabhängigen und fortdauernden Werk-Schöpfer-Beziehung, ist zu billigen. Sie ist für unser Thema um so interessanter, als das Gericht die Rechtsfolge nicht aus einer ausdrücklichen Norm ableitete, sondern als Folgerung der Wertgrundlagen des Urheberrechts fand. So wird in einem Beispiel das praktisch, was als Entfaltung der dem Gesetz objektiv zugrunde liegenden, ja seinen eigentlichen Gehalt ausmachenden Wertvorstellungen zu verstehen ist.

Erkennt man eine die Veräußerung des Werkes überdauernde Werk-Schöpfer-Beziehung an, muß man folgerichtig eine Vernichtung des Werkes durch den Eigentümer nur dann für erlaubt ansehen [41], wenn nach Abwägung der Interessen des Schöpfers und des Werkeigentümers der Eingriff in die Werk-Schöpfer-Beziehung gerechtfertigt erscheint [42].

Aus der Werk-Schöpfer-Beziehung ist auch die Befugnis des Urhebers abzuleiten, die geistige Verbundenheit mit seinem Werk aufrechtzuerhalten, soweit dadurch nicht berechtigte Interessen des Eigentümers beeinträchtigt werden [43].

Neben die Bemühungen, die vorhandenen Vorschriften i. S. der Persönlichkeitsanerkennung auszulegen, treten Bestrebungen, im Wege der Rechtsreform die Rechtsstellung des schöpferischen Menschen zu verstärken. Dabei wirkt der Wunsch, die schöpferische Leistung rechtlich anzuerkennen, mit dem, die aus sozialen Gründen Schutz- und Förderungsbedürftigen zu unterstützen, zusammen [44]. Das führt zur Forderung, den finanziellen Anteil des Urhebers an der Ausnutzung seines Werkes (auch bei späterer Wertsteigerung)

[41] RG 79, 397 nimmt in der Begründung an, die Vernichtung sei erlaubt. *Hubmann*, Recht des schöpferischen Geistes, S. 115, will nur eine mutwillige Vernichtung verbieten (das kommt praktisch wohl auf § 226 hinaus).

[42] Wo Interessen der Allgemeinheit der Vernichtung entgegenstehen, handelt es sich um den Gedanken des Denkmalschutzes, vgl. dazu *Ulmer*, Urheber- und Verlagsrecht, Berlin–Göttingen–Heidelberg, 1951, S. 5, 209.

[43] So kann z. B. der Urheber Zutritt zu seinem Werk verlangen, vgl. *Hauffe*, Der Künstler und sein Recht, München, 1956, mit weiteren Einzelheiten; BGH MDR 1952, 92; *Hubmann*, Das Recht des schöpferischen Geistes, S. 116; *Ulmer* S. 201; vgl. ferner die italienische Rechtsprechung bei *Hoffmann* a. a. O., S. 113; der Architekt eines öffentlichen Gebäudes darf sogar Führungen durch dieses veranstalten, soweit das mit den Zwecken des Gebäudes vereinbar ist, so OLG Frankfurt JW 1932, 3777, gestützt auf den Grundgedanken des § 226 des BGB; vgl. auch § 37 des Referentenentwurfs bei Schulze a. a. O., S. 39.

[44] Dazu besonders *Hubmann*, Recht des schöpferischen Geistes, S. 90 ff.; *Hirsch-Ballin*, Auteursrecht in Wording, Zwolle 1947; *Benkard*, GRUR 1948, 309, sowie die Beiträge von *Lehmann*, *Ermecke*, *Overath* und *Richartz* in: Urheberrechtsreform – ein Gebot der Gerechtigkeit, 1954.

zu verstärken und seine vertrags-, arbeits- und pfändungsrechtliche Stellung zu verbessern.

Auf die Einzelheiten kommt es hier nicht an; die Entwicklung zeigt aber, daß die schöpferische Leistung als Ausfluß der Persönlichkeit mehr und mehr zur Wertgrundlage von Rechtsvorstellungen wird.

Das Urheberrecht ist für unser Thema auch insofern interessant, als hier neben der Anerkennung der Persönlichkeit und der von ihr ausgehenden Werte auch die pflichtenbegründende Verwurzelung der Persönlichkeit in der sie tragenden Gemeinschaft rechtlich Ausdruck finden muß. Das führt dazu, in das Recht an der geistigen Leistung selbst Bindungen einzubauen, die der Herkunft der Leistung aus dem Spannungsverhältnis Persönlichkeit–Gemeinschaft entsprechen. Von hier aus verstehen sich die Begrenzungen insbesondere zeitlicher Natur des Urheber-Rechtsschutzes, die Ansprüche auf Benutzung von Patenten, die Lizenzen, die Informationsfreiheit usw.[45].

Um die zukünftigen Grenzen und um die Einzelausgestaltung dieser Gemeinschaftsbindung wird heftig gestritten. Das ist nicht verwunderlich, wenn man bedenkt, daß es sich um wichtige Züge des ewigen Spannungsverhältnisses Einzelner–Gemeinschaft handelt, die den Einzelnen in seinen persönlichen Rechten, die Gemeinschaft in wichtigen Funktionen angehen[46].

f) Die moderne Betonung des Persönlichkeitsrechtes zeigt sich auch im Erfinderrecht. Das Patentgesetz von 1936 und die daran anschließende Rechtsprechung stehen schon unter diesem Einfluß. Grundlage des Patents ist die schöpferische Leistung des Erfinders. An die Erfindung knüpft das Persönlichkeitsrecht an. Es entsteht mit ihr. Deshalb hat der Erfinder auch das Urheberrecht an der Erfindung unabhängig von jedem Formalschutz[47]. Gemäß § 3 PatG hat der Erfinder einen Anspruch auf Erteilung des Patentes. Seine Erfinderehre wird durch das Recht auf die Nennung seines Namens ge-

[45] Dabei handelt es sich um typische Einschränkungen des Urheberrechts. Daß das Gebot der Einhaltung der guten Sitten und des Schutzes der öffentlichen Sicherheit den Rechten Grenzen setzt, gilt für Rechte jeder Art.

[46] Vgl. dazu den Referentenentwurf von 1954, abgedruckt bei *Schulze*, Recht und Unrecht, und die verschiedenen Gegenansichten daselbst; leidenschaftliche Kritik auch bei *Hauffe*, Der Künstler und sein Recht, München, 1956, S. 305; vgl. ferner *Hubmann*, Recht des schöpferischen Geistes, insbes. S. 134 ff. und Die Beschränkung des Urheberrechts nach dem Entwurf des Bundesjustizministeriums, Ufita, Bd. 19, S. 58 ff. Da fördernde Stellungnahme nur in Einzeluntersuchungen der jeweils zur Debatte stehenden Vorschrift möglich ist, mag hier dieser Hinweis genügen.

[47] Vgl. LG Mainz GRUR 1950, 44: „Dieses Recht (Allgem. Erfinderrecht) beruht auf dem Wesen und der Würde der menschlichen Persönlichkeit und der Befugnis zu deren freier Entfaltung“.

schützt (§§ 26, 36 PatG). Der Erfinder hat grundsätzlich auch frei zu bestimmen, ob er die Erfindung verlautbaren will oder nicht. Als infolge der Schließung des Patentamtes nach dem Krieg der Schutz des Patentes versagte, erwies sich das Urheber- und Persönlichkeitsrecht in Verbindung mit dem Erfinderschutz als zur Not ausreichend[48].

Die starke Bindung der Erfindung an die Persönlichkeit des Erfinders tritt auch bei der heutigen Behandlung der Angestellten- oder Diensterfindung hervor. Auch sie entsteht in der Person des Angestellten. Er ist der Erfinder. Ihn schützt das Persönlichkeitsrecht. Er hat die Ansprüche aus seiner Erfindung und auf die Erteilung des Patentes. Er ist grundsätzlich auch als Erfinder zu nennen. Außerdem steht ihm ein Anspruch auf Vergütung zu für die Ausnutzung der Erfindung durch den Unternehmer[49]. Dem Interesse des Unternehmers trägt ein Anspruch auf die Überlassung der Erfindung Rechnung. Hinzu kommen Ansprüche auf ihre Anmeldung durch den Erfinder, auf Übertragung des Patentes oder seiner Ausnutzung.

Die Beispiele lassen sich vermehren; sie mögen ausreichen, weil sie die Anknüpfung der Normen mit persönlichkeitsbildenden Faktoren als Wertgrundlage an unterschiedliche Schichten des Menschlichen und an dessen besondere Entfaltung zeigen: Übernahme einer besonderen Verantwortung und ihrer Ausübung im Wirtschaftsleben; Persönlichkeitsentfaltung und Fortentwicklung durch Mithilfe zur Persönlichkeitsbildung im Erziehungsrecht; Aufbau des Urheber- und Erfinderrechts auf der schöpferischen geistigen Leistung zeigen die möglichen Formen. Mit diesen Beispielen wird auch die Wesensart der den Gegenstand dieser Untersuchung bildenden Normen deutlich, nämlich die besonderen Abgrenzungsschwierigkeiten, die Verwurzelung in der Person, um deren Selbstentfaltung es geht und deren enge Bezogenheit auf die Gemeinschaft.

Angesichts der Neuheit und Schwierigkeit der Fragestellung konnte es sich zu einem guten Teil nicht um fertige Lösungen, sondern nur um tastende Versuche und um Anregungen für die Diskussion handeln. Diese Diskussion wird, so glaube ich, ergeben, daß die Wertgrundlagen der Rechtsnorm und insbesondere die Stellung von Person und Persönlichkeit in der Wertskala allgemeine geisteswissenschaftliche Fragen abgeben, die, wenn sie überhaupt befriedigend zu beantworten sind, nur durch gemeinsame Anstrengungen aller Disziplinen zu lösen sind.

48 Vgl. hierzu *Benkard*, Patentgesetz, S. 7/8; *Hübner*, GRUR 1848, 229 ff.

49 Vgl. BGH GRUR 1952, 573; *Benkard*, S. 72; zu den Einzelheiten vgl. *Reimer*, Das Recht der Arbeitnehmererfindung, 2. Aufl. 1951, mit Vorschlägen de lege ferenda.

Diskussion

Professor Dr. jur. Ulrich Scheuner

Der schöne Vortrag, den wir gehört haben, hat uns sehr deutlich von Methodenfragen ausgehend die Betrachtungsweise des modernen Zivilrechts vor Augen geführt. Noch steht das moderne Zivilrecht auf der Grundlage des Stolzes über die Entwicklung, die es, von der naturrechtlichen Basis des 18. Jahrhunderts her einsetzend, zu der Schöpfung umfassender Gesetzeswerke, namentlich der großen bürgerlich-rechtlichen Kodifikationen, emporgeführt hat. Es ist das Grundbild dieses modernen bürgerlich-rechtlichen Denkens, das uns hier in dem Vortrage ausgebreitet ist, und es mag den Vertreter des öffentlichen Rechts, der nicht so im Zentrum der juristischen Begrifflichkeit steht, vielleicht aber um so geöffneter für die historische Veränderlichkeit des Rechtes ist, erlaubt sein, hier mit der Sonde einzusetzen. Das Weltbild, das unser heutiges Zivilrecht erfüllt, ist, wie der Redner uns sehr deutlich gemacht hat, das von der Naturrechtsperiode des 17. und 18. Jahrhunderts geprägte Bild einer egalitären, auf der Freiheit des menschlichen Willensentschlusses gegründeten Gesellschaft. Auf dem Boden dieser Anschauung wird der Gedanke entwickelt, daß alles, was menschliche Gestalt trägt, auch im Recht die gleiche grundsätzliche Position des Menschseins einnehmen müsse. Damit ist ein entscheidender Gegensatz zu der Vorstellung der menschlichen Gesellschaft sowohl in der altchristlichen wie der mittelalterlichen Auffassung gesetzt. Der Apostel Paulus hat die Sklaven ermahnt, auch wenn sie Christen würden, nicht zu glauben, daß damit der Unterschied „Herr" und „Sklave" aufgehoben würde. Er hat also noch die Sklaverei als Möglichkeit anerkannt. Noch der heilige Thomas hat die alte aristotelische Lehre wiederholt, daß es Menschen gebe, die zu Geringerem geboren seien, die darum Sklaven seien. Es ist demnach auch im Mittelalter, also einer weithin und tief christlich durchdrungenen Gesellschaft noch die Forderung allgemeiner Rechtsgleichheit nicht aus der Lehre des Evangeliums unbedingt abgeleitet worden. Ob der Impuls der Rechtsgleichheit nicht doch in der Botschaft Christi liegt, ist freilich eine andere Frage. Aber jedenfalls ist sicher, daß der Ruf erst wirksam geworden ist in der Epoche des Naturrechts im 17. und 18. Jahrhundert und damit die Grundlagen unseres heutigen egalitären Rechtsdenkens gelegt hat. Darauf fußt auch der Gedanke des Persönlichkeitsrechtes. Ob dieser Gedanke die eigentlichsten und persönlichsten Beziehungen des Menschen, das Eltern- und Kinderverhältnis und das Problem der Ehe allein tragen kann, ist ein tiefes Problem. Die Ehe ist doch als Institution der menschlichen Gesellschaft nicht ein vom Menschen frei gestaltetes Verhältnis, sondern eine in der Lage des Menschen angelegte Institution. Wenn wir jedenfalls von naturrechtlichen Vorstellungen ausgehen, wie es der Redner getan hat, so vermag der Mensch, der in diesen Stand eintritt, nicht nach seinem Willen frei über seinen Inhalt zu bestimmen, sondern er begibt sich in eine Bindung, die ihm als natürliche Ordnung vorgezeichnet ist, die er also schon als solche auf sich nimmt. Das Naturrecht des 18. Jahrhunderts hat freilich die Ehe nur in ihrem Charakter als freien Konsens, in ihrem Vertragssinne aufgefaßt. Das hat nun weitere, außerordentlich weitreichende Konsequenzen für die Gegenwart in bezug auf die Lösung der Ehe, auf das nicht wirklich echt Lebenslängliche des Ehebandes nach sich gezogen. Das öffentliche Recht erkennt dem Menschen heute grundsätzlich diese Qualität und Würde einer freien Persönlichkeit zu. Wir haben sogar im öffentlichen Recht eigentlich erst in der Gegenwart diesen Gedanken dahin erweitert, daß gewisse fundamentale Rechte des Menschen über den einzelnen Staat hinweg auch völkerrechtlich geschützt sein sollen. Daß dieser Schutz noch sehr unvollkommen ist, will ich hier nicht näher ausführen. Es mag genügen, darauf hinzuweisen, daß auch innerhalb der Staatengemeinschaft heute die Leugnung des Menschseins des Menschen – und darin würde ich Herrn Westermann ganz zustimmen – als eine Leugnung von Grundtatsachen unseres heutigen Rechtsgefühls erscheint. Die Sklaverei wird völkerrechtlich als ein Delikt und ein vollkommenes Abweichen von den Grundlagen unserer Kultur angesehen. Ernsthaft ist freilich die Frage zu nehmen, wieweit das Persönlichkeitsrecht in seinem Umkreis reicht. Hier würde ich vielleicht an den Redner gewisse Fragen richten. Ich bin mit ihm ganz einig, daß die engste Sphäre des Personseins, Leben, Körper und Gesundheit unmittelbar aus diesem Menschsein abgeleitet werden kann. Das geschieht auch im öffentlichen Rechte. Auch hier erkennen wir diese unmittelbare Lebenssphäre als aus der Persönlichkeit gesichert an. Wieweit das Persönlichkeitsrecht darüber hinaus aber weitere Bereiche wie den Namen, die die Ehre oder wie das Urheberrecht tatsächlich trägt, ist vom öffentlichen Recht her nicht zu sichern. Ich kann die Ausstrahlung der Persönlichkeit über einen engsten persönlichen Bereich hinaus nur im Blick auf die soziale Eingebettetheit des Menschen erfassen. Ich muß also hier schon seine Eigenschaft als sozial verbundenes Wesen ins Auge fassen. Ich kann Körper, Leben und Gesundheit rein vom Individuum her sehen. Der Namensschutz des Menschen ist aber bereits abhängig davon, daß der Staat ein solches Namensrecht anerkennt und zubilligt. Wir haben hier die Tatsache zu beachten, daß der Staat sehr dazu neigt, über die engste Grundsphäre der Person hinaus nur den Menschen in seiner Stellung als Bürger anzuerkennen. So werden zahlreiche Grundrechte vom Staate nur den eigenen Staatsangehörigen zugebilligt, z. B. das Vereinsrecht und das Versammlungsrecht. So ist der Staat ferner geneigt, auch den Schutz seines Rechtes, und zwar des öffentlichen Rechtes, mit Vorsicht dem Ausländer zur Verfügung zu stellen, vor allem wo es nur Berechtigungen des öffentlichen Rechtes gibt. Die Befähigung des Arztes ist eine öffentlich rechtliche Stellung, die von der Staatsangehörigkeit und von der Genehmigung des Staates abhängt. Dasselbe läßt sich vielleicht für das Urheberrecht sagen. Das Urheberrecht ist seinem Grund nach der Schutz des Staates für die geistige Arbeit. Er stellt eine besondere Form der Erweiterung des Eigentums- und Vermögensgedankens dar, die erst eine verhältnismäßig moderne Zeit geschaffen hat. Der Schutz der geistigen Leistung hätte, während er historisch aus dem Persönlichkeitsrecht entwickelt worden ist, meiner Ansicht nach auch vom Eigentumsgedanken her aufgestellt werden können. Es ist also nicht unbedingt zwingend, diesen Gedanken allein von der Persönlichkeit her zu entwickeln. Die Idee des Rechtes an der eigenen Schöpfung geht weiter. Sie zeigt eine besondere Zuspitzung des modernen Persönlichkeitsbildes, das ganz bestimmten auserlesenen Personenkategorien eine höhere Empfindlichkeit zubilligt. Der Autor, der Maler hielt sich für einen Menschen besonderer schöpferischer Qualität und ihm wurde daher ein zusätzlicher Schutz gegeben. Vielen anderen produktiv tätigen Menschen ist dieser Schutz nicht gegeben. Es ist also hier eine Auswahl, die sicherlich nicht erfolgt ist von der Person, vom Menschsein her, sondern von einer sozialen Wertung, die den Künstler und Autor höher wertet als etwa Handwerker. Wir würden sogar heute wahrscheinlich bei dem berichteten Falle des Freskos im Treppenhaus schon zweifeln, ob unser soziales Empfinden einen mittelmäßigen Maler, der einen Hausflur mit einem Gemälde versehen hat, so hoch setzt, daß wir ihm gegenüber dem Hauseigentümer, der das Bild verändern will, einen Schutz gewähren müssen. Ich möchte nur einen letzten Punkt berühren. Mir scheint, daß im öffentlichen Recht die Neigung, die Selbstentfaltung der Persönlichkeit anzuerkennen, eine eigenartige Beschränkung aufweist. Wenn ich gerade an einen Punkt anknüpfe, den der Redner berührt hat, die Erziehung der Kinder, so liegt es hier so, daß nach einer langen Erfahrung, die aber auch nicht allein aus der Persönlichkeit entwickelt ist, die religiöse Erziehung als zum Bereich der persönlichen Freiheit gehörig anerkannt ist, nicht aber die politische. Wir brauchen nur den Blick über die Elbe zu richten, um zu erkennen, daß dort weder die persönliche noch die politische Freiheit in der Erziehung anerkannt ist, daß also hier, wo wir in den Bereich der totalitären Politik geraten, der Staat für sich das Recht nimmt, verbindlich und vollkommen ausschließlich das Persönlichkeitsideal auch in seiner geistigen Auswirkung zu bestimmen und zu gestalten. Im Politischen finden wir auch im Westen Abschwächungen der persönlichen Freiheit. Auch heute vertreten manche Staaten, die in der abendländisch-christlichen Tradition stehen, den Standpunkt, daß sie in nationalen und sprachlichen Fragen dem Staate die Bestimmung zusprechen über die Sprache, in der das Kind erzogen wird. Abschließend möchte ich darauf hinweisen, daß das Bild, das der Redner entworfen hat, einer bestimmten historischen Epoche und einer bestimmten rechtlichen Sicht angehört. Würde man die Fragestellungen auf das öffentliche Recht erweitern, würden sich viele weitergehende und differenziertere Probleme herausstellen, weil der Schutz der Persönlichkeit im öffentlichen Rechte notwendig in soziale Auseinandersetzungen hineinführt. Daher würde ich annehmen, daß die Fragen über das Unternehmensrecht und das Mitbestimmungsrecht ohne den Blick auf die soziale Einfügung der einzelnen, also auf Gruppenbildungen, gar nicht mehr entschieden werden können. Das Mitbestimmungsrecht ist in seiner praktischen Wirkung weithin nicht bloß ein Ausdruck der Persönlichkeit des einzelnen Arbeiters, sondern eine Auseinandersetzung zwischen sozialen Mächten und Gruppen.

Professor Dr. jur. Hans Peters

Zu den lehrreichen Darlegungen des Herrn Referenten, denen ich weitgehend zustimme, darf ich vielleicht vom Standpunkt des Öffentlichrechtlers ein paar zusätzliche Bemerkungen anfügen. Ist der *Mensch* das von der Natur Vorgegebene, so ist die *Person* im Sinne unserer Rechtsordnung der Mensch als Rechtsträger innerhalb der Gemeinschaft. Wegen des in Art. 2 Grundgesetz gewährleisteten „Rechts auf freie Entfaltung der Persönlichkeit" interessiert uns im öffentlichen Recht – ja, weil es um die Verfassung geht, darüber hinaus für unser gesamtes gesellschaftliches Leben – als weiterer Begriff ganz besonders die *Persönlichkeit*. Persönlichkeit bedeutet m. E. die in die Gemeinschaft eingegliederte, das Menschentum entwickelnde Person als Träger wesentlicher individueller Verschiedenheiten. Typisch für den Persönlichkeitsbegriff ist also einmal die Anerkennung der generalisierten Rechtsträgerschaft als Person, dann aber das individualisierende Element der typisch individuellen Entfaltung des Menschentums.

Wenn man das zugibt, dann entfallen all die Verengungen, die die Worte „Entfaltung der Persönlichkeit" in der jüngsten juristischen Literatur gefunden haben, sowie die vielfach zur Durchsetzung einer reinen Interessenpolitik gebrachten Auslegungen: die Freiheit, diejenige Reklame zu machen, die der Unternehmer für besonders wirkungsvoll hält, hat mit seinem Recht auf freie Entfaltung der Persönlichkeit m. E. ebensowenig zu tun, wie die Freiheit, Steine und Kohlen im Lastkraftwagenfernverkehr zu befördern, obwohl unser Straßennetz dringend der Schonung bedarf. Ich halte es – entgegen Nipperdey – auch nicht für möglich, aus dem Begriff der „freien Entfaltung der Persönlichkeit" die verfassungsrechtliche Anordnung der sozialen Marktwirtschaft, also eines Systems der freien Wirtschaft zu entnehmen. Daß es sich hierbei nicht nur um Begriffsspielerei handelt, bemerkt man, wenn man sich vergegenwärtigt, welche Schranken damit einer Änderung der Regierungspolitik nach einem Regierungswechsel auferlegt würden.

Umgekehrt ergibt sich aber aus diesem Persönlichkeitsbegriff, daß Art. 2 alle menschenunwürdigen Maßnahmen des Staats gegen den Menschen verbietet, so z. B. – was sich kürzlich in einer süddeutschen Stadt zugetragen hat – die heimliche Anlegung einer Abhöranlage zur Aufnahme von Privatgesprächen durch die Polizei oder die Verwendung von Material, das durch ein im Wohnzimmer heimlich eingebautes Mikrophon beschafft worden ist, im Prozeß (z. B. im Ehescheidungsprozeß) usw.

Eine der weiteren Schwierigkeiten, bei Sicherung des Persönlichkeitsrechts zu einer unserem Verfassungsrecht gemäßen Lösung zu gelangen, liegt freilich darin, daß neben dem Recht auf freie Entfaltung der Persönlichkeit noch andere, vom Grundgesetz aufgestellte Verfassungsprinzipien innezuhalten sind, die m. E. dazu führen, daß der Staat dort, wo es um das *Menschentum* im Begriff der Persönlichkeit geht, stärkeren Beschränkungen unterworfen ist als dort, wo lediglich eine Auswirkung individueller Unterschiedlichkeiten der Menschen, also das Prinzip des Individualismus im Spiele steht. Hier verweise ich auf die soeben von Herrn Scheuner gemachten Ausführungen.

So glaube ich, daß die Darlegungen des Herrn Referenten auch für das öffentliche Recht wertvolle, weiterzuspinnende Anregungen gegeben haben.

Oberregierungsrat Eberhard Freiherr von Medem

Wenn es mir erlaubt ist, als Laie und Außenseiter in diesem Kreise mich zu äußern, so hätte ich gerne eine Bemerkung auch zu den begrifflichen Definitionen gemacht, ähnlich wie es Herr Professor Peters getan hat. Herr Professor Westermann hat davon gesprochen, daß unser ziviles Recht ausgehe von der Identität von Person und Rechtsfähigkeit. Er hat uns dann weiter gesagt, daß bei dem Begriff der Rechtsfähigkeit der Person ein Wertgehalt zugrunde liege, der von der Würde des Menschen ausgehe. Ich gebe Ihnen selbstverständlich völlig zu, Herr Professor Westermann, daß dieser Wertgehalt unserer heutigen sittlichen Auffassung entsprechen muß und sich sicher auch mit der Auffassung des Naturrechts deckt. Ich glaube jedoch nicht, daß wir so weit gehen können, daß wir tatsächlich dem Begriff der Person, wie er heute in unserem bürgerlichen Recht in dieser juristischen Definition enthalten ist, diesen Wertgehalt unbedingt zugrunde legen können. Ich glaube vielmehr, daß dieser Begriff der Person auch ein formeller Begriff ist, ein technischer Begriff, wenn ich so sagen darf. Ich möchte in diesem Zusammenhang an die Gedanken anknüpfen, die Sie selbst zu dem Problem des Erziehungsberechtigten entwickelt haben. Sie haben gesagt, der Erziehungsberechtigte habe das Recht, das Erziehungsbild gegenüber dem zu Erziehenden zu formen. Es ist doch nun offenbar so, daß dieses Recht in unserem jetzigen Zivilrecht so weit geht, daß er dieses Bild auch in einer Richtung formen kann, die unter Umständen nicht mit der Würde des Menschen vereinbar ist. Jedenfalls sind doch da wenig Grenzen gesetzt. Wir lesen im übrigen, ich möchte fast sagen täglich, in den Zeitungen von dem schauerlichsten Mißbrauch dieses Erziehungsrechtes, der ja auch nach unserer Rechtsordnung strafrechtlich geahndet wird. Aber es erscheint mir sehr wesentlich zu sein, daß bei der strafrechtlichen Ahndung solcher z. T. schwerster Körperverletzungen, die manchmal bis zu Todesfolgen gehen, dieses zivilrechtlich verankerte sogenannte Züchtigungsrecht die Gerichte offenbar daran hindert, die dafür angemessene Strafe zu verhängen, wir infolgedessen oft mit großem Erstaunen lesen müssen, daß diese Körperverletzungen, die sonst die Betreffenden auf Jahre hinaus ins Zuchthaus gebracht hätten, oft nur mit kleinsten Gefängnisstrafen, z. T. sogar noch mit Bewährungsfrist bestraft werden. Hier scheint mir doch, wenn wir von einem Person-Begriff ausgehen, der von der Würde des Menschen als Wertgehalt getragen ist, die notwendige Konsequenz zu sein, daß die Rechtsordnung den gleichen Maßstab zum Schutz der Person des noch nicht voll geschäftsfähigen Kindes zugrunde legen müßte, wie bei jeder anderen Person. Das ist offenbar nicht der Fall. Ich wäre Ihnen sehr dankbar, Herr Professor Westermann, wenn Sie sich vielleicht auch zu dieser Frage äußern könnten.

Staatssekretär Professor Dr. h. c. Brandt

Herr Kollege Scheuner hat eben gesagt, daß die Auffassung, die der Redner eben vorgetragen hat, einem bestimmten Raum, einer bestimmten Zeit, dem 19. Jahrhundert zugeordnet ist. Die Entwicklung dieses Gedankens wurde aber durch das nazistische Regime, das alle diese Persönlichkeitswerte und Möglichkeiten der Entfaltung der Persönlichkeit unterdrückt hat, aufgehalten. Mit Recht dürfen wir sagen, daß wir heute wieder auf dem Marsche sind, diese gewaltsam unterbrochene Entwicklung weiterzuführen und weiterzuentfalten. Wo aber auch die Wurzeln dieses stärkeren Betonens des Persönlichkeitswertes liegen mögen, so sind doch auch unabhängig von diesen möglichen Wurzeln aus der Zeit der französischen Revolution heute alle politisch gestaltenden Kräfte unseres Staates der Auffassung, daß im Mittelpunkt unseres Geschehens der Mensch stehen soll, daß vom Menschen und von der Menschenwürde aus die Dinge des einzelnen und der Gesamtheit zu sehen sind. Die Zuversicht auf unsere staatliche und gemeinschaftliche Zukunft gründet sich doch darauf, daß wir den einzelnen Menschen als eine mit Eigenwert, mit Verantwortungsbewußtsein ausgerüstete Persönlichkeit ansehen, zu der sich der einzelne je nach seiner Kraft entwickelt.

Professor Dr. jur. Hermann Conrad

Sie haben durch die Unterscheidung von Person und Persönlichkeit einen wichtigen Beitrag zu dem Problem geleistet, und mir scheint, daß man festhalten kann, daß Sie gesagt haben, daß Persönlichkeit mehr ist als Person. Wenn wir in der ganzen Frage vorwärts kommen wollen, dann scheint mir, daß wir den Gedanken aufgreifen müssen, den Sie auch angeschnitten haben, nämlich von der rechtshistorischen Seite zu untersuchen, wie der Begriff der Person als Rechtsträger entstanden ist. Ich bin Ihnen außerordentlich dankbar, daß Sie zu dieser Frage einiges beigetragen haben. Wenn man an den Kommentar von Staudinger herangeht und nachsehen will, was bei § 1 des Bürgerlichen Gesetzbuches zur Entstehung des Begriffs der allgemeinen Rechtsfähigkeit gesagt wird, dann findet man dort nicht viel. Auch bei Nipperdey (Lehrbuch des Bürgerlichen Rechts, Allg. Teil) steht nicht viel mehr, und ich hoffe, daß Sie in der in Arbeit befindlichen Darstellung des Allgemeinen Teils zu dem, was Sie eben gesagt haben, mehr beisteuern werden.

Ich habe mich selbst etwas mit dem Problem der Entstehung des Begriffes der allgemeinen Rechtsfähigkeit beschäftigt und bin auf folgenden Gedanken gekommen: Wenn wir als Zivilrechtler von dem Begriff der Rechtsfähigkeit sprechen, dann denken wir an die *Rechtsfähigkeit im Zivilrecht.* Aber diese Rechtsfähigkeit des Zivilrechts ist ja eigentlich aus einer ganz anderen Sphäre entstanden, wie Sie schon angedeutet haben. Diese Einbettung der Person in verschiedene Stände und Gemeinschaften, die Sie eben dargestellt haben, stammt so, wie sie uns in der Neuzeit überliefert worden ist, aus dem Feudalismus des Mittelalters. Bedeutende Persönlichkeiten haben gegen den in dieser ständischen Ordnung liegenden Gedanken der Ungleichheit der Menschen angekämpft; ich darf hier den Verfasser des Sachsenspiegels erwähnen, der sich ja schon ganz deutlich gegen die Ungleichheit der Menschen ausgesprochen hat. Aufgegriffen worden ist dann der Gedanke von Nikolaus von Kues in seiner berühmten Concordantia catholica, wo der Satz stehe: „Ergo natura non facit servum, sed insipientia", also nicht die Natur macht den Sklaven, sondern das törichte Verhalten der Menschen. Es ist ungefähr derselbe Gedanke, wie er bei Eike von Repkow, dem Verfasser des Sachsenspiegels, steht. Nun ist mit dem Zusammenbruch des Feudalismus der Begriff der allgemeinen Rechtsfähigkeit entstanden. Es fehlen uns leider bisher die eingehenden Untersuchungen, wie im einzelnen dieser Begriff sich entwickelt hat [1]. Im Feudalismus und aus den Gemeinschaften, die der Feudalismus schuf, entstand eine für die verschiedenartigen Schichten und Stände der Menschen verschiedene Rechtsfähigkeit. Als der Feudalismus nun zusammenbrach, gab es erst den Menschen als Rechtsperson. Die Nacht vom 4. August 1789, wo der Feudalismus in Frankreich beseitigt wurde, ist wahrscheinlich die Geburtsstunde der allgemeinen Rechtsfähigkeit. Aber – und das möchte ich im Zusammenhang mit einer Bemerkung, die gefallen ist, daß die französische Revolution die allgemeine Rechtsfähigkeit geboren habe, sagen – nach meiner Meinung hat die französische Revolution die *allgemeine Zivilrechtsfähigkeit* nicht geschaffen, sondern diese ist auf deutschem Boden er-

[1] Inzwischen ist von dem Diskussionsredner eine Untersuchung des Problems der Entstehung des Begriffes der allgemeinen Rechtsfähigkeit im Bürgerlichen Recht erschienen, die auf einem am 7. Oktober 1955 im Bundesgerichtshof zu Karlsruhe von der Juristischen Studiengesellschaft Karlsruhe gehaltenen Vortrag beruht. *Hermann Conrad,* Individuum und Gemeinschaft in der Privatrechtsordnung des 18. und beginnenden 19. Jahrhunderts (Schriftenreihe der Juristischen Studiengesellschaft Karlsruhe, Heft 18), Verlag C. F. Müller, Karlsruhe 1956.

wachsen. Wenn wir nämlich den Code civil von 1804 aufschlagen, dann findet sich heute noch der Satz: art. 8. Tout français jouira des droits civils, d. h. daß nur die Franzosen sich der Zivilrechte erfreuen und nicht alle Menschen. Der Satz nämlich, daß jeder Mensch rechtsfähig ist, findet sich, soviel ich im Augenblick sagen kann, zuerst im Österreichischen Allgemeinen Bürgerlichen Gesetzbuch von 1811, wo es heißt: Jeder Mensch hat angeborene schon durch die Vernunft einleuchtende Rechte und ist daher als Person zu betrachten (§ 16). (Professor Westermann zitiert eine Stelle aus dem Preußischen Landrecht.) Bei der Betrachtung der preußischen Entwicklung muß man bedenken, daß inzwischen nämlich, das ist ja für die gesamte Entwicklung der allgemeinen Rechtsfähigkeit von Bedeutung, das berühmte Steinsche Edikt von 1807 ergangen war, durch das in Preußen die ständischen Schranken niedergelegt worden sind. Mir scheint, man sieht noch immer zu sehr den Gedanken der Beseitigung der Unfreiheit darin, aber man sieht nicht, daß in diesem Edikt von 1807 die allgemeine Rechtsfähigkeit für Preußen grundgelegt worden ist. Doch glaube ich sagen zu können, daß man im österreichischen Bürgerlichen Gesetzbuch von 1811 erstmalig den Begriff der allgemeinen Rechtsfähigkeit anerkannt hat. Dieser Gedanke stammt aus dem Kantischen Gedankengut. Es ist ja bekannt, daß der Verfasser des österreichischen Zivilgesetzbuches, Franz A. Edler von Zeiller, ein Schüler Kants gewesen ist, was ja auch aus einem Buch über das Natürliche Privatrecht ganz deutlich hervorgeht. Er beruft sich zum Teil ausdrücklich auf Kant. Ich glaube, daß wir hier, wenn wir das einmal näher untersuchen, wertvolle Ansätze zu dem ganzen Problem haben. Es zeigt sich, wie wichtig die Rechtsgeschichte für die modernen Begriffe des Rechtes ist. Es muß unbedingt – und da müßten wir auch etwas von hier aus tun – die neuere Privatrechtsgeschichte etwas mehr in den Vordergrund gestellt werden, damit die Institutionen des modernen Privatrechts auch rechtsgeschichtlich untersucht werden können. Wir kommen dann auch in solchen Fragen, wie sie hier angeschnitten wurden, weiter.

Professor Dr. jur. Ulrich Scheuner

Ich hatte nicht die Absicht, den Ausführungen des Redners, soweit sie einen für einen besonderen Blickpunkt und eine besondere Zeitepoche gültigen naturrechtlichen Maßstab betreffen, entgegenzutreten. Daß freilich hier auch in der Gegenwart eine tiefe Problematik liegt, möchte ich Ihnen an einer Äußerung der letzten Zeit zeigen. Der Erzbischof von Canterbury hat vor kurzem eine monatelange Reise nach Südafrika gemacht und hat nach seiner Rückkehr eine Pressekonferenz in England abgehalten. In ihr hat der Erzbischof erklärt, daß alle Menschen gleich in der Liebe Gottes seien, daß aber in ihren Fähigkeiten und Gaben tiefe Unterschiede zwischen ihnen bestehen, und daß eine Gesellschaft jeder Person Gelegenheit geben solle, in Anbetracht dieser Ungleichheit ihr Bestes beizutragen. Wenn man das leugne, fiele man in die trügerischen Gefilde der Gleichmacherei. Diese Äußerung ist in England kritisiert worden, und das zeigt, wie tiefe Spannungen auch in unseren westlichen Kreisen vorhanden sind. Wir sehen hier, wie sehr dort, wo wir den engsten Kreis von Leben, Gesundheit, Körper, Freiheit überschreiten, wo die soziale und menschliche Gleichstellung einer großen Bevölkerungsschicht in einem kolonialen Gebiet in Frage steht, die Probleme sich nicht nur von der Persönlichkeit aus lösen lassen, sondern sich hier die grundsätzlichen Fragen des Menschenbildes stellen. Es scheint, daß unser heutiges egalitäres Menschenbild die Verschiedenheit der Abstammung, Bildung und Fähigkeit nicht so stark bewertet, daß es eine grundsätzliche, das ganze öffentliche, vielleicht sogar das private Recht durchziehende Scheidung verschiedener Bevölkerungsklassen und Abstammung und Rasse zuläßt.

Professor Dr. theol. Thomas Ohm

Sie wissen vielleicht, daß in den primitiven Kulturen, etwa bei den Negerstämmen in Afrika, der einzelne Mensch kein Träger von Rechten und Pflichten ist in dem Sinne wie bei uns, daß der Mensch dort nur Rechte und Pflichten hat, soweit er Mitglied eines Stammes, einer Sippe ist, daß er nur innerhalb eines Stammes, einer Sippe Rechte und Pflichten hat, nicht darüber hinaus. Es gibt Ausnahmen. Der Gedanke, daß jeder Mensch als Mensch dem anderen gleich ist, wird übrigens heute nicht von allen christlichen Kreisen geteilt. Noch in einem bekannten Kirchenlexikon wird der Gedanke vertreten, daß die Neger als Söhne oder Nachkommen Chams von Natur aus irgendwie verflucht und deswegen zum Dienen bestimmt sind, in einem Lexikon, das immer noch im Gebrauch ist.

Staatssekretär Professor Dr. h. c. Brandt

Sehr wesentlich für unser Thema ist ja auch das Geschehen, das augenblicklich in den Vereinigten Staaten vor sich geht, wo durch den obersten Gerichtshof in einem langsamen, systematischen Fortschreiten die bestehenden Unterschiede aufgelockert werden.

Professor Dr. phil. Jost Trier

Es ist schade, daß Hans Rheinfelder nicht bei uns ist. Im Gespräch mit ihm, der das Buch über *persona* geschrieben hat, würde sich wohl der geschichtliche Punkt festlegen lassen, an dem der Begriff der Persönlichkeit überhaupt auftritt. Ich denke an Goethe, der sagt, er wolle die Pyramide seines Daseins so hoch wie möglich emportreiben. Das ist Sturm und Drang, Klassik, deutscher Idealismus. Dann wäre es aber auch wichtig zu sehen, wann und wie die Epoche des Persönlichkeitskultes zu Ende geht. In dem gescheiten und zum Widerspruch herausfordernden Buch von Guardini „Das Ende der Neuzeit" wird gerade der Begriff der Persönlichkeit als ein kennzeichnender Begriff der Neuzeit hervorgehoben, d. h. der mit Herder einsetzenden und mit uns selbst zu Ende gehenden Epoche. So wäre also die interessante Darlegung von Herrn Westermann die Klärung eines Tatbestandes, die gerade dann einsetzt, wenn dieser Tatbestand selbst abklingt – eine Rückschau auf den versinkenden Begriff der Persönlichkeit.

Herr Westermann sprach davon, daß eine Aktiengesellschaft eine Persönlichkeit habe. Der Begriff der Persönlichkeit, der hier auftritt, ist ein ganz anderer Begriff als der, über den wir uns im gegenwärtigen Gespräch zu verständigen versuchen. Sie stehen sich so fern, daß keine Verwirrung zu befürchten ist. Wenn das Gesetz sagt, die Aktiengesellschaft habe eine Persönlichkeit, so heißt das ja nichts anders, als daß die Aktiengesellschaft eine juristische Person ist. Persönlichkeit heißt hier nur die Eigenschaft, Person zu sein, während der Begriff der Persönlichkeit, über den wir hier sprechen, eben jenes eigentümliche Element der Selbstvollendung in sich enthält, an das Goethe mit der vorhin angeführten Formulierung denkt.

Professor Dr. phil. Joachim Ritter

Der Begriff der Person fehlt in der klassischen griechischen Philosophie. An seiner Stelle steht bei Aristoteles „Mensch" und zwar so, daß auch der Mensch durch die Zugehörigkeit zu einer durch Recht konstituierten Gesellschaft definiert wird. Weil Unfreie und Sklaven nicht rechtsfähig sind, darum sind sie für Aristoteles nur homonym Mensch. Rechtsfähigkeit und Zugehörigkeit zu einer Rechtsordnung machen daher den Menschen zum Menschen; das meint seine Definition in der aristotelischen „Politik" als ζῷον πολιτικόν. Er ist das Wesen, das in der Polis zu seinem Sein kommt, so daß der „ἄπολις", der ohne „Gesetz und Recht" lebt, damit auch außerhalb der menschlichen Ordnungen steht. Auf diesen aristotelischen Begriff des

Menschen geht also der juristische Personbegriff wohl zuletzt zurück; er faßt begrifflich in sich zusammen, was in dieser philosophischen Tradition im Verhältnis zu Staat und Gesellschaft „Mensch" heißt.

Schwieriger liegt es mit dem Begriff der Persönlichkeit; H. Westermann hat ihn durch „Selbstvollendung" gekennzeichnet und dann gesagt, daß Persönlichkeit in dieser Bestimmung sich juristisch schwer fassen läßt. Zum Menschen in der Rechtsordnung gehört bei Aristoteles Freiheit; er hat als Glied der politischen Gemeinschaft ihr gegenüber zugleich das Recht der Selbständigkeit. Er ist frei, weil er sein eigenes Leben aus eigenem Willen führen kann. Mit dieser Freiheit hängt philosophisch (wenn auch nicht unmittelbar) der Begriff der Persönlichkeit zusammen. Sie ist Aktualisierung des Personseins (Menschseins), nicht sofern die Person Glied der Gesellschaft, sondern sofern sie sie selbst ist. In diesem Sinn sagt Hegel, daß das Recht die Freiheit ermöglicht und schützt, aber sie nicht auch selbst aktualisiert. Das Recht gibt es der Person frei, sich aus sich selbst zur Persönlichkeit zu vollenden.

Hierin mag einer der Gründe dafür liegen, daß es schwierig ist, die Persönlichkeit juristisch zu fassen. Man kann aber vielleicht sagen, daß diese Schwierigkeit wesentlich zum Recht gehört, weil es im Verhältnis zu dem, was es ermöglicht und schützt, „abstrakt" bleiben muß.

Professor D. Dr. phil. Friedrich Karl Schumann

Ich möchte zu einem Punkt, zu dem ich eine Bemerkung gemacht hätte, jetzt nicht sprechen, weil ich gerade durch ein Ferngespräch verhindert war, den Gang der Diskussion zu verfolgen. Ich möchte nur bezüglich der Grundproblematik darauf hinweisen, daß die Dinge wahrscheinlich doch noch etwas komplizierter liegen, als es vielleicht bisher in Erscheinung getreten ist. Natürlich ist das juristische Problem der Person ein engeres Problem als das der Person überhaupt. Aber man wird das juristische Problem ja doch nur richtig zu fassen bekommen, wenn man seinen Horizont im allgemeinen Personproblem gegenwärtig hat. Da sind die Dinge nun so, daß ich die Behauptung wagen möchte, der Begriff der Person, sagen wir lieber die Chiffre Person, gehört ihrem Ursprung nach zu den dunkelsten und schwerstfaßbaren unserer ganzen heutigen wissenschaftlichen Sprache. Das gilt schon für den Begriff „Person", nicht erst für den der Persönlichkeit. Es ist vielleicht doch von symbolischer Bedeutung, daß selbst etymologisch der Ursprung nicht geklärt ist. Wir wissen bis heute nicht, woher der Ausdruck „persona" etymologisch herrührt. Bis in die Gegenwart, z. B. Fr. Brunstäds Religionsphilosophie, wird noch der alte Ladenhüter vorgebracht, entschuldigen Sie den Ausdruck, persona komme von personare. Persona ist das lateinische Aequivalent für πρόσωπον und es bedeute ursprünglich die Schauspielermaske, durch die hindurch (per) die Stimme „sonat". Das ist unmöglich aus etymologischen Gründen. Es wird aber immer wieder wiederholt, weil wir eine andere Erklärung nicht haben. Man hat ja, soweit ich mich erinnern kann, bis ins Persische hinein zurückgegriffen, um die etymologische Grundlage des Wortes „persona" zu erhellen. Ich sage, dieser etymologische Tatbestand ist symbolisch für den sachlichen Tatbestand. Die Geschichte des Wortes „persona" ist ja außerordentlich kompliziert. Ich weise nur hin auf die zentrale Bedeutung, die das Wort theologisch hat im Trinitätsproblem. Da stehen wir ja schon beim ersten Auftreten des Wortes ‚persona' vor einer ungeklärten Lage. Tertullian gebraucht das Wort ‚persona' als einer der ersten im Zusammenhang mit dem Trinitätsproblem. Harnack hat das seinerzeit damit zu erklären versucht, daß Tertullian ja von Hause aus Jurist gewesen sei und ihm daher der juristische Begriff der Person besonders nahegelegen habe. Das scheint, soweit ich urteilen kann als Nichtjurist, rechtsgeschichtlich nicht richtig zu sein, denn Tertullian hatte offenbar einen ausgeprägten Begriff persona von seiner juristischen Arbeit her gar nicht zur Verfügung. Es ist also außerordentlich schwierig zu sehen, was bei den ursprünglichen Versuchen, mit Hilfe des Wortes ‚persona' das trinitarische Problem zu lösen, eigentlich die Ausgangskonzeption gewesen ist. Man müßte diese Problematik, glaube ich, immer im Auge haben: Wir gebrauchen dauernd eine Chiffre, deren Ursprung uns nicht klar ist. Dasselbe gilt vielleicht in noch höherem Maße für Persönlichkeit, das Adjektiv personalis und das Substantiv personalitas. Soweit ich im Augenblick dazu etwas sagen kann, hat das Wort seinen Ursprung in der scholastischen und mittelalterlichen Theologie. Dort kommt es schon vor, dort aber eben in bezug auf die theologische Bedeutung des Wortes persona. Die personalitas bedeutet also ursprünglich das Sein der trinitarischen Personen in seiner Besonderheit. Von dort aus hat ja dann der Begriff der Persönlichkeit eine relativ kurze, aber, wie mir scheint, eine außerordentlich verwickelte Geschichte. Das sollte man einmal in Angriff nehmen, Herr Staatssekretär, eine Forschungsarbeit über Geschichte und Epochen der Verwendung der Begriffe Person und Persönlichkeit wäre eine fruchtbare Sache. Ich habe vor etwa 15 Jahren die darüber vorliegende Literatur mir einmal genau angesehen. Seither war ja besonders die internationale Literatur lange schwer zu verfolgen. Aber ich fürchte, es bleibt bis heute dabei: Wir tappen in gewissem Sinne immer noch im Finstern, wenn wir die Chiffren Person und Persönlichkeit verwenden. Diese Anregung möchte ich gegeben haben, ich werde vielleicht mir erlauben, einen entsprechenden Antrag zu stellen.

Professor Dr. phil. Jost Trier

Das Buch von Rheinfelder geht gerade auf die theologischen Zusammenhänge ein, die Herr Kollege Schumann behandelt zu sehen wünscht. – Die etymologische Verknüpfung mit *personare* „durch die Maske hindurch sprechen" ist zwar alt, aber sie stimmt nicht. Es steckt hinter *persona* ein durch die Etrusker vermitteltes griechisches Wort. Aber an der alten Etymologie bleibt doch immerhin so viel richtig, daß *persona* aus dem Theaterwesen stammt. Am Anfang von *persona* muß der Begriff der Rolle stehen, die jemand spielt. Um an Herrn Westermann anzuschließen: Die Rolle, die jemand in einem durch Nomos geordneten Zusammenhang spielt, ist seine *persona*. *Persona* ist nicht identisch mit Mensch (hier würde ich widersprechen), sondern *persona* ist der Mensch, sofern er in einem Gefüge von rechtlich geordneten sozialen Zusammenhängen eine bestimmte Aufgabe hat.

Professor Dr. phil. Josef Pieper

Ich habe das Referat so verstanden, daß nicht nur in der Weise der Deskription das positive Recht interpretiert wurde, sondern daß hinter dieser Deskription ein *Richtbild* und eine *Wertung* stand – was sich etwa zeigte in der polemischen Abgrenzung gegenüber dem Nationalsozialismus, gegenüber dem „Osten" und, in der Diskussion, gegenüber der Rassengesetzgebung Südafrikas. – Meine Frage ist nun folgende: Worauf eigentlich wollen Sie zurückgreifen, wenn Sie zum Beispiel einem ostzonalen Juristen gegenüber behaupten, der Mensch könne, nach Ihrer Meinung, nicht als bloßes Mittel in den Produktionsprozeß eingesetzt werden; oder wenn Sie, gegenüber dem Nationalsozialismus, darauf bestehen, die Würde des Rechtssubjektes im vollen Sinn könne nicht eingeschränkt werden auf den Kreis der „Volksgenossen"? Von wo aus, frage ich, wollen Sie dann argumentieren? Die positive Rechtsordnung können Sie nicht als Argument ins Spiel bringen; denn darauf würde zu Recht erwidert werden: Bei euch ist es so, bei uns ist es eben anders. (Es ist kürzlich auf einer Konferenz der Interparlamentarischen Union die Frage erörtert worden, was ein Parlament sei. Nach einem Bericht hat man, weil es geraten schien, auch östliche Parlamentarier teilnehmen zu lassen, auf diese Frage geantwortet: Ein Parlament ist das, was von seiten des jeweiligen Regimes unter „Parlament" verstanden wird. – So könnte man auch hier sagen: Person als Rechtssubjekt ist das, was in der jeweiligen positiven Rechtsordnung darunter verstanden wird – wenn der Volksgenosse, dann allein der Volksgenosse; wenn der Weiße, dann allein der Weiße. – Natürlich ist das *keine* Antwort.)

Sie haben gesagt, zweifellos spiele, für eine Zeitlang jedenfalls und vielleicht auch noch bis heute hin, die Vorstellung, daß der Mensch „Ebenbild Gottes" sei, eine Rolle für alles das, was die Rechtsordnung am Menschen schütze. Dieser Gedanke könne aber, so sehr er als Motiv wirksam sei, nicht in die positive Rechtssatzung eingehen.

Hier nun zeigt sich, meine ich, etwas Entscheidendes. Es zeigt sich, daß alle positive Rechtsordnung dem Bereich der *Schlußfolgerungen* angehört; daß die positive Rechtssatzung, immer und kraft ihres Wesens, durch ein ihr *vorausliegendes* Welt- und Menschenbild und durch sonstige *vorausliegende* Normen bestimmt ist, woraus sie selbst nur die Schlußfolgerung zieht. – Ich frage also, ob nicht – was auch die Diskussion bereits gezeigt zu haben scheint – die *vor*juristischen Wertbilder in bezug auf unser Thema viel entscheidender sind als das, was in der positiven Rechtsordnung zum Vorschein kommt; und ob demnach nicht auch – wenn wir uns Gedanken darüber machen, was geistespolitisch *getan* werden kann – das Eigentliche gleichfalls in diesem *vor*juristischen Bereich der Begründung von Wertbildern geschieht bzw. geschehen muß. Und hier wäre dann auch der Begriff und das Wertbild der Person zur Diskussion gestellt.

Trotz aller Dunkelheit der etymologischen Herkunft des Wortes „Person" und trotz aller Schwierigkeit einer exakten Definition gibt es, glaube ich, doch anerkanntermaßen eine ganze Reihe von inhaltlichen Bestimmungen dessen, was eine Person ist. Auch in dem Referat ist implicite nicht wenig hierzu gesagt worden; und dies einschlußweise Gesagte geht wesentlich hinaus über die anfängliche, rein formale Definition „Person ist gleich Mensch". Sie haben etwa gesagt, die Person, der Mensch als Rechtssubjekt sei dadurch gekennzeichnet, daß ihm wohl etwas gehören könne, während er selbst niemandem gehöre; daß die Person also niemals bloßes Objekt sein könne. Dies bedeutet zum Beispiel konkret, daß der Mensch nicht als Mittel eingesetzt werden kann für irgendwelche Zwecke, auch nicht für „soziale" Zwecke. Das sind aber doch schon sehr wesentliche inhaltliche Bestimmungen des Personbegriffs. Wenn ich etwa gefragt würde, was in der abendländischen philosophischen Tradition der Personbegriff inhaltlich besage, so würde ich etwa antworten: Eine Person ist ein Wesen, das um seiner eigenen Vollkommenheit willen existiert. Ich glaube, daß sich hieraus für die positive Rechtsordnung sehr viel herleiten ließe, das übrigens in genau die Richtung weisen würde, die auch in vielen Einzelheiten Ihres Referates zutage getreten ist.

Wenn uns also daran liegt, den Sachverhalt „Person“ als einen Wert zu denken und zu realisieren und von da her auch die positive Rechtsordnung nicht allein zu verstehen, sondern zu gestalten, dann bleibt uns nichts anderes übrig als vor allem diesen *vor*juristischen Personbegriff in seiner ganzen Erstreckung zu sehen, zu entwickeln, zu bejahen und zu begründen. Wer dies anerkennt, kommt allerdings, wie ich glaube, nicht daran vorbei, auf Aussagen philosophisch-theologischen Charakters zurückzugreifen, genauer gesagt: auf eine *philosophisch-theologische Anthropologie.*

Professor Dr. phil. Jost Trier

Wenn ich noch etwas in dieser reichhaltigen Diskussion sagen darf, so möchte ich anschließen an das, was Herr Pieper betont hat: Person ist das Wesen, das um seiner eigenen Vollkommenheit willen da ist. Das gibt eine historische Perspektive: der Begriff der Persönlichkeit tritt in dem Augenblick in die Mitte des Bewußtseins des modernen Menschen, in dem der Begriff der unsterblichen Seele aus dieser Mittelstellung verschwindet oder doch so an Gewicht verliert, daß er eine leidenschaftliche Diskussion nicht mehr zu erregen vermag. Diese Datierung leitet uns wieder in dieselbe Gegend: Aufklärung, Empfindsamkeit.

Oberregierungsrat Eberhard Freiherr von Medem

Die Diskussion hat uns weit bis in die Gebiete der Philosophie und bis in die Theologie hineingeführt. Das Thema selbst lautete „Person und Persönlichkeit im Zivilrecht“. Wenn ich vielleicht zum Schluß noch eine juristische Bemerkung dazu machen darf, so würde ich gerne darauf hinweisen, daß jedes Zivilrecht ja zerfällt in materielles Recht und Verfahrensrecht. Es gibt Juristen – ich habe es jedenfalls einmal aus dem Munde eines bekannten Professors gehört – die der Ansicht sind, daß das Verfahrensrecht sogar wichtiger sei als das materielle Recht. Ich schließe mich dieser These nicht an. Aber immerhin beleuchtet sie auch hier das Problem, denn wir brauchen den Begriff der Person ja nicht nur im materiellen Recht, sondern wir brauchen ihn auch gerade im formellen, im Prozeßrecht. Ich glaube, daß auch unter diesem Gesichtspunkt die ganze Frage gesehen werden muß. Damit schließe ich auch wieder an meinen ersten Diskussionsbeitrag an, mit dem ich lediglich zum Ausdruck bringen wollte, daß bei der Verwendung des Begriffs „Person", wie wir ihn im heutigen Zivilrecht haben, dieser auch vom Verfahrensrecht her gesehene Charakter meines Erachtens besonders beachtet werden muß.

Professor Dr. jur. Harry Westermann

Meine Herren! Es ist sehr schwierig, nach so einer lebhaften und vielseitigen Diskussion ein Schlußwort mit dem Versuch der Zusammenfassung zu wagen. Ich darf zunächst meinen allerherzlichsten Dank dafür aussprechen, daß hier so lebhaft und so vielseitig diskutiert worden ist. Der Referent ist ja dankbar, wenn er ein Echo von allen Seiten bekommt. Ich will versuchen, die Diskussion ungefähr zu gruppieren. Zunächst zur Person als Wert und zu ihrem Verhältnis zur Gemeinschaft. Ich bin selbstverständlich überzeugt, daß der Personenbegriff, wie ich ihn hier geschildert habe, nicht etwa der der isolierten und in sich selbst ruhenden Person eines übersteigerten Liberalismus ist. Auch nach meinem Personenbegriff gehört zur Person die Zugehörigkeit zu einer Gemeinschaft mit innerer Verpflichtung als Folge. Daraus ergibt sich nun für mich, wenn ich das in allen Einzelheiten verfolgt hätte, selbstverständlich eine starke Bindung auch der Personen und des Persönlichkeitsrechts, insbesondere gehört der Gedanke des Sozialen und der Einbindung des Einzelnen in die sozialen Bestrebungen in meinen Personenbegriff hinein. Ich deutete ja auch das wenigstens noch an, wenn ich in einem Satz sagte, daß im BGB der Gedanke der Freiheit überbetont sei und daß das Pendel jetzt nach der anderen Seite hin auszuschlagen habe.

Daß Herr *Scheuner* das vom Standpunkt des öffentlichen Rechts aus stärker in den Vordergrund gerückt hat, ergibt sich von selbst, weil diese Dinge im öffentlichen Recht deutlicher werden. Im übrigen habe ich heute nur über Person und Persönlichkeit als Wertbegriff gesprochen. Ich habe aber einleitend auch gesagt, daß die Werte zu andern ins Verhältnis gesetzt werden müssen, und Sie haben die Verhältnismäßigkeit und die Notwendigkeit der andersartigen Betonung in anderen Rechtsgebieten richtig herausgestellt. Im Zivilrecht zumindest haben wir die Person als höchsten Wert zu betrachten; er überwiegt überall da, wo er zu einem anderen Wert in Beziehung gesetzt wird. Anders ist das, wenn die Person mit anderen Personen oder Persönlichkeitswerten in Beziehung zu setzen ist. Das führt mich nun zu dem, was Sie gesagt haben, zur Entwicklung des Persönlichkeitsrechts. Sie haben ja im allgemeinen gewarnt vor einer, wenn ich Sie richtig verstanden habe, uferlosen oder zu starken Anerkennung des Persönlichkeitsrechts. Vielleicht haben Sie mich mißverstanden. Ich halte die BGH-Entscheidung im 13. Band für außerordentlich gefährlich. Sie erkennt expressis verbis einen allgemeinen Personenkreis oder Persönlichkeitskreis als Schutzwert, und zwar als absolut zu schützendes Gut an. Das halte ich für gefährlich, weil dann die anderen Individualsphären ebenso absolut geschützt werden müssen und ein Zusammenstoß der Individualsphären völlig unumgänglich ist. Sie erheben als Öffentlichrechtler Ihre warnende Stimme, indem Sie sagen, daß, wenn das auf das öffentliche Recht übertragen wird, der Schutz der einen Person uferlos ausgedehnt wird gegenüber allen anderen Personen. Ich glaube, da bewegen wir uns wohl auf einer Linie. Ich darf vielleicht noch einmal sagen, daß für mich der Persönlichkeitskreis außerhalb der vom BGB anerkannten Rechtsgüter, nämlich Körper, Gesundheit und Freiheit, nur relativ geschützt wird. Unter relativem Schutz verstehe ich das Einbeziehen der anderen Schutzsphäre in die wertende Betrachtung. Wir wollen ein Beispiel bilden, an dem man das vielleicht klar machen kann. Ein Künstler schreibt einen Roman, in dem er einen Generaldirektor schildert in allen seinen menschlichen Schwächen, Vorzügen usw. einschließlich der Eheverhältnisse. Zufällig trifft er damit einen lebenden Menschen. Im Prozeß wird nachgewiesen, daß er diesen Generaldirektor nicht gekannt habe. Gleichwohl klagt dieser auf Einziehung und Vernichtung des Werkes und beruft sich auf sein Persönlichkeitsrecht. Hier haben wir ein solches Beispiel. Hier stößt die eine Persönlichkeitssphäre, nämlich das Interesse des Künstlers an Aufrechterhaltung der von ihm geschaffenen Figur mit der anderen Persönlichkeitssphäre zusammen. Würde man hier im Absoluten denken, so steht man vor einem unlösbaren Problem. Man muß diese Dinge also relativieren. Ich glaube, daß das nur eine Klarstellung dessen war, was ich wegen der Kürze der Zeit vielleicht etwas unklar ausgedrückt habe. Im übrigen bin ich auch der Ansicht, und das deckt sich nun mit dem, was Herr Kollege Trier gesagt hat, daß die Überbetonung der Persönlichkeitswerte in unserem Recht in der Tat zu Ende ist. Das Goethewort von der Pyramide paßt nicht mehr in unsere Zeit, die soziale Einbindung der Persönlichkeit wirkt retardierend. Es geht darum, die Persönlichkeit zu schützen und zu fördern, zugleich aber auch ihre soziale Bindung anzuerkennen. Das wäre dann im einzelnen näher zu entwickeln, ich hielt das eigentlich für so selbstverständlich, daß ich es nur mit ein paar Sätzen erwähnt habe, bin aber dankbar, daß ich hier in der Diskussion die Dinge noch betonen kann.

Noch zu Ihnen, Herr Scheuner, Sie haben ja sehr viel Grundsätzliches gesagt. Ich bin in der Tat der Ansicht, daß das Recht sehr weitgehend, – und das deckt sich auch mit Ihnen, Herr Kollege Pieper, – aus der Gesamtkultur erwächst. Ich glaube, das auch ziemlich klar gesagt zu haben. Dieser Wurzel entsprechend ist das Recht auch zeitlich gebunden und dem Wechsel unterworfen. Ich glaube allerdings, daß für die abendländische Entwicklung ein Rechtssatz unumstößlich und unwandelbar ist, nämlich daß der Mensch rechtsfähig ist. Hier würde ich persönlich nicht mit mir handeln lassen, und das weder im Grundsätzlichen noch bezüglich einzelner Einschränkungen. Hier will ich bewußt einen Menschenbegriff haben, der, entschuldigen Sie, so primitiv wie nur irgend möglich ist. Das mag bedingt sein als Gegensatz gegen die nationalsozialistische Zeit. Erinnern wir uns doch einmal, wie die Dinge gewesen sind: Das Anknüpfen der Rechtsfähigkeit an irgendetwas anderes als an das einfachste Menschsein führt konsequenterweise zur Tötung lebensunwerten Lebens, Sie können dann nicht mehr bremsen. Wenn Sie an irgendeiner Stelle sagen, die Möglichkeit, Vernunft zu entwickeln, sich zur Persönlichkeit zu entfalten, sittlich zu handeln, ist Bedingung der Rechtsfähigkeit, dann haben alle diese unglücklichen Wesen, die geisteskrank geboren werden, die Rechtsfähigkeit nicht. Die konsequente Linie führt dann zur Tötung lebensunwerten Lebens. Das kann man an Systemen, die andere Grundlagen gehabt haben, nachweisen. Die historischen Systeme mit anderen Ausgangspunkten haben ja auch z. T. diese Folgerung gezogen. Das führt dann gleich auch zu den Fragen des Verhältnisses der Person und der Persönlichkeit zur Gemeinschaft. Nun meine ich, – und das habe ich aber auch ausdrücklich gesagt –, daß das Verhältnis zwischen Person und Persönlichkeit und Gemeinschaft ein Spannungsverhältnis ist, und daß dieses Spannungsverhältnis entscheidend gestaltet wird durch die Gesamtsituation der Zeit. Dabei spielen die geistigen Grundanschauungen glücklicherweise die entscheidende Rolle. Ich würde nun allerdings sagen, daß nach unserer Zeitkultur, nach unseren, – Herr Pieper, – vorjuristischen Bildern und Werturteilen hier gewisse Grenzen gesetzt sind, z. B. bezüglich des Erziehungsrechts. Ein Eingreifen des Staates in das Erziehungsrecht, das im Rahmen des Spannungsverhältnisses zulässig ist, das eine gewisse Grenze überschreitet, würde ich für einen Verstoß gegen unsere Gesamtrechtskultur gewissermaßen für einen Widerspruch in sich selbst halten. Wo nun allerdings im einzelnen die Grenzen liegen, ist außerordentlich schwierig zu sagen, aber das ist in meiner Definition vom Spannungsverhältnis begründet. Das ist nun einmal etwas, was in der Entwicklung ist, was man nicht mit Endgültigkeit festlegen kann.

Damit habe ich auch eine Überleitung zu dem, was ich bezüglich des Naturrechts andeuten wollte. Ich bin der Ansicht, daß es ein Naturrecht nicht gibt, sondern daß es nur Naturrechte unterschiedlicher Art gibt. Das habe ich ja zu definieren versucht, wobei ich bat, das Gesagte nicht als Widerspruch in sich selbst abzulehnen. Ich glaube, daß es Naturrechtssätze gibt, die wirksam und gültig sind für gewisse Zeitepochen, in anderen Zeitepochen aber nicht gelten. Für einen solchen Satz, der in unserer Zeit entscheidend ist, halte ich den von der Rechtsfähigkeit des Menschen. Einen Satz, daß u. U. der Mensch nicht rechtsfähig ist, halte ich für unwirksam. – Nun, Herr Pieper, zu Ihnen, das steht in unmittelbarem Zusammenhang damit. Sie haben allerdings in der Tat eine außerordentlich schwierige Frage für mich aufgeworfen, nämlich die: Wo kommt das Wertbild her, das für das Recht maßgebend ist, und welche Bedeutung hat dieses Wertbild? Ich darf zunächst einmal sagen, daß nach meiner Auffassung diese Wertvorstellung oder dieses Wertbild, wie Sie sagen wollen, objektiver Natur ist. Sofern die Wertvorstellung Gesetz geworden ist, ist sie objektiv und bindet den Richter. Sie bindet ihn selbst dann, wenn er diese Wertvorstellung nicht hat; insofern ist sie objektiver Natur. Die Frage: Wie ist sie zu ermitteln? Das ist eben die große schwierige Frage, die Kernfrage der Auslegungslehre der Jurisprudenz. Wie wird der objektive Inhalt eines Rechtssatzes entwickelt? Nun, die Auslegung hat ja die verschiedensten Methoden. Für mich persönlich ist in erster Linie maßgebend die Gesamtstruktur des Rechts, das Gesamtbild des Rechts und das gesamte soziale Wollen, das aus dem gesamten Recht ersichtlich wird. Deswegen ist es für mich gar keine Schwierigkeit, auf ein Werturteil des BGB den Artikel 1 des Bonner Grundgesetzes anzuwenden, obwohl das BGB 50 Jahre älter ist, weil eben im Rahmen der objektiven Gesamtstruktur des Rechts Wandlungen möglich sind, ohne daß eine Zeile an dem Gesetz geändert wird. Das ist ein bißchen schwierig für den Nichtjuristen zu begreifen, ich glaube aber gleichwohl, daß ich dabei zu einem objektiv bestimmten und objektiv bestimmbaren Normeninhalt komme. Nun die andere Frage. Wenn ich mich mit einem Juristen anderer Wertvorstellungen auseinanderzusetzen hätte, dann würde ich gegenüber der Behauptung, der Mensch wäre Material, das verschickt werden könnte usw. usw. nachzuweisen versuchen, daß in dieser und jener Norm die von mir behauptete Wertvorstellung tragend, damit also objektiver Inhalt des

Rechts geworden ist. Wenn er mir nun sagen will, jawohl, wir haben aber dort diese oder jene Norm, die das Gegenteil bindend anordnet, dann würde eben der Zeitpunkt eingetreten sein, daß ein entscheidender Bruch in der Rechtskultur deutlich wird. Wir würden uns, wenn dieser Bruch außerordentlich stark ist, eben zu dem Schluß durchzuringen haben, den andersartigen Rechtssatz nicht mehr als verbindlich anzuerkennen, – nämlich dann, wenn ein Verstoß gegen einen von uns als naturrechtlich empfundenen Satz vorliegt. Soweit zu diesen Möglichkeiten. – Eines, Herr Scheuner, noch zu Ihnen. Ich glaube auch gesagt zu haben, daß die Gruppenzugehörigkeit des Menschen nicht für seine Rechtsfähigkeit, wohl aber für seine Lebensstellung heute wesentlich bestimmender ist als sie es etwa zu Ende des 19. Jahrhunderts war. Wenn ich das noch einmal sagen darf: Wir haben im Feudalismus ein Standesbewußtsein gehabt; da wurde der Einzelne in den Stand hineingeboren, er wurde erfaßt als Mitglied dieses Standes und konnte nur leben innerhalb dieses Standes. Dieses Standesbewußtsein, das entsprechende Standesrecht und die Standesgliederung haben wir heute nicht mehr. Wohl aber haben wir eine immer deutlicher werdende Gruppenzugehörigkeit. Um mich konkret auszudrücken: Es kann heute ein Arbeitnehmer in der Gewerkschaft sein oder nicht, die Entscheidungen, die in der Gewerkschaft fallen, wirken auf ihn. Es kann ein Unternehmer im Unternehmerverband sein oder nicht, die Tarife, die dort zwischen Unternehmerverband und Gewerkschaft ausgehandelt werden, sind auch für ihn bedeutungsvoll. Ich deutete das an, indem ich sagte, es entsteht hier eine neue Art der Gruppenzugehörigkeit, die sicherlich maßgebend ist für die Lebensstellung und für das Tätigwerden, nirgends aber, und deswegen brauchte ich mich mit ihr nicht ausführlich auseinanderzusetzen, für die Rechtsfähigkeit. Das ist der entscheidende Unterschied. – Nun, Herr von Medem, noch zu Ihnen. Es ist in der Tat so, daß es nicht nur nicht strafaufhebend und strafmildernd ist, wenn jemand ein Kind mißhandelt, über das er väterliche Gewalt hat, sondern sogar erheblich strafverschärfend. Da ist ja die Straftat Mißbrauch einer Abhängigkeit – und das wird außerordentlich strafverschärfend berücksichtigt – und selbstverständlich liegt eine Körperverletzung vor, wenn ein Inhaber der elterlichen Gewalt sich außerhalb des Züchtigungsrechts bewegt. Dann ist ja seine Handlung rechtswidrig. Das Züchtigungsrecht deckt nur die erlaubte, angemessene Züchtigung. Eine Erziehung zu einem Menschenbild, das die Würde des Menschen verletzt, ist ein schwerer Mißbrauch der elterlichen Gewalt. Also die elterliche Gewalt bewegt sich hier sicher nur im Rahmen des Rechts. – Auf das, was Herr Kollege Schumann gesagt hat, ist es natürlich für den Juristen sehr schwer, zu antworten. Die Problematik der sprachlichen Dinge war mir, soweit es einem Juristen möglich ist, am Rande bekannt; ich habe sie bewußt ausgeschaltet. Was Herr Kollege Schumann dann weiter gesagt hat, daß auch der Personenbegriff als sachlicher Begriff noch außerordentlich schwierig ist, gebe ich zu, soweit es sich um die geistesgeschichtlichen Dinge handelt; soweit aber heute der Personenbegriff als Rechtsbegriff erfaßt wird, scheint er mir sicher zu sein. Dem im übrigen hier zu meinen Versuch, die Persönlichkeit im Recht zu erfassen, Gesagten, möchte ich im wesentlichen zustimmen. Mir ging es darum, Herr Kollege Ritter, und das gilt auch für Herrn Kollegen Wolff, anzuerkennen, daß das Recht selber die Persönlichkeit nicht schaffen kann. Es kann sie nur schützen und, so drückte ich mich ja aus, es zieht einen Mantel um die Person, die sich zur Persönlichkeit entfalten will. Die Schwierigkeit der Definition, die sich daraus ergibt, ist klar geworden. Ich habe deswegen versucht, an einzelne Faktoren anzuknüpfen und zu sagen, soweit diese Faktoren oder Kräfte vom Recht geschützt werden, haben wir Normen mit persönlichkeitsbildenden Faktoren als Wert vor uns. Ich glaube, im Endeffekt – man kann sich über Grenzdefinitionen unterhalten – dürften wir uns im wesentlichen einig sein. Gegenüber dem, was kritisch gesagt worden ist zu meinen Auffassungen über das Mitbestimmungsrecht, möchte ich doch an meiner Auffassung festhalten und mit Ihnen, Herr Staatssekretär, sagen, daß das von mir Herausgestellte sicher nicht der alleinige Inhalt des Selbstbestimmungsrechts ist; es enthält durchaus auch die anderen hier betonten Inhalte. Es ist auch, Herr Kollege Scheuner, die Wirkung der Gruppenzugehörigkeit in erheblichem Maße im Mitbestimmungsrecht enthalten. Das eine gehört ja zum anderen, aber ich meine doch, daß ein für mich wesentlicher Kern des Mitbestimmungsrechts in dieser Anknüpfung an die persönlichkeitsentfaltende Kraft ist. Da sehe ich auch das Wertvollste. (Sie schütteln mit dem Kopf; es mag nicht das Wirksamste sein, ich meine aber, es ist wertvoll, etwas, das am ehesten entgiftend wirken und die sozialen Spannungen lösen könnte.)

Schließen will ich mit einem Dank an Herrn Kollegen Conrad. Es ist in der Tat so, daß der moderne Zivilrechtler auf nichts mehr angewiesen ist als auf die Darstellung, wie sich gerade in den letzten 300—400 Jahren unsere Privatrechtsbegriffe entwickelt haben. Wir haben derartige Untersuchungen geradezu notwendig. Wir sind unbedingt angewiesen auf den Rechtshistoriker, insbesondere auf den Rechtshistoriker der Neuzeit, wie sie sich nennen.

Ich darf schließen mit einem nochmaligen Dank und mit der Hoffnung, gezeigt zu haben, daß die Philosophen und die Historiker, die Theologen und die Juristen gar nicht so weit voneinander entfernt sind, sondern daß doch einiges Gemeinsame uns bindet.

VERÖFFENTLICHUNGEN DER ARBEITSGEMEINSCHAFT FÜR FORSCHUNG DES LANDES NORDRHEIN-WESTFALEN

NATURWISSENSCHAFTEN

HEFT 1

Prof. Dr.-Ing. Friedrich Seewald, Aachen
Neue Entwicklungen auf dem Gebiet der Antriebsmaschinen

Prof. Dr.-Ing. Friedrich A. F. Schmidt, Aachen
Technischer Stand und Zukunftsaussichten der Verbrennungsmaschinen, insbesondere der Gasturbinen

Dr.-Ing. Rudolf Friedrich, Mülheim (Ruhr)
Möglichkeiten und Voraussetzungen der industriellen Verwertung der Gasturbine

1951, 52 Seiten, 15 Abb., kartoniert, DM 2,75

HEFT 2

Prof. Dr.-Ing. Wolfgang Riezler, Bonn
Probleme der Kernphysik

Prof. Dr. Fritz Micheel, Münster
Isotope als Forschungsmittel in der Chemie und Biochemie

1951, 40 Seiten, 10 Abb., kartoniert, DM 2,40

HEFT 3

Prof. Dr. Emil Lehnartz, Münster
Der Chemismus der Muskelmaschine

Prof. Dr. Gunther Lehmann, Dortmund
Physiologische Forschung als Voraussetzung der Bestgestaltung der menschlichen Arbeit

Prof. Dr. Heinrich Kraut, Dortmund
Ernährung und Leistungsfähigkeit

1951, 60 Seiten, 35 Abb., kartoniert, DM 3,50

HEFT 4

Prof. Dr. Franz Wever, Düsseldorf
Aufgaben der Eisenforschung

Prof. Dr.-Ing. Hermann Schenck, Aachen
Entwicklungslinien des deutschen Eisenhüttenwesens

Prof. Dr.-Ing. Max Haas, Aachen
Wirtschaftliche Bedeutung der Leichtmetalle und ihre Entwicklungsmöglichkeiten

1952, 60 Seiten, 20 Abb., kartoniert, DM 3,50

HEFT 5

Prof. Dr. Walter Kikuth, Düsseldorf
Virusforschung

Prof. Dr. Rolf Danneel, Bonn
Fortschritte der Krebsforschung

Prof. Dr. Dr. Werner Schulemann, Bonn
Wirtschaftliche und organisatorische Gesichtspunkte für die Verbesserung unserer Hochschulforschung

1952, 50 Seiten, 2 Abb., kartoniert, DM 2,75

HEFT 6

Prof. Dr. Walter Weizel, Bonn
Die gegenwärtige Situation der Grundlagenforschung in der Physik

Prof. Dr. Siegfried Strugger, Münster
Das Duplikantenproblem in der Biologie

Direktor Dr. Fritz Gummert, Essen
Überlegungen zu den Faktoren Raum und Zeit im biologischen Geschehen und Möglichkeiten einer Nutzanwendung

1952, 64 Seiten, 20 Abb., kartoniert, DM 3,—

HEFT 7

Prof. Dr.-Ing. August Götte, Aachen
Steinkohle als Rohstoff und Energiequelle

Prof. Dr. Dr. E. h. Karl Ziegler, Mülheim (Ruhr)
Über Arbeiten des Max-Planck-Institutes für Kohlenforschung

1953, 66 Seiten, 4 Abb., kartoniert, DM 3,60

HEFT 8

Prof. Dr.-Ing. Wilhelm Fucks, Aachen
Die Naturwissenschaft, die Technik und der Mensch

Prof. Dr. Walter Hoffmann, Münster
Wirtschaftliche und soziologische Probleme des technischen Fortschritts

1952, 84 Seiten, 12 Abb., kartoniert, DM 4,80

HEFT 9

Prof. Dr.-Ing. Franz Bollenrath, Aachen
Zur Entwicklung warmfester Werkstoffe

Prof. Dr. Heinrich Kaiser, Dortmund
Stand spektralanalytischer Prüfverfahren und Folgerung für deutsche Verhältnisse

1952, 100 Seiten, 62 Abb., kartoniert, DM 6,—

HEFT 10

Prof. Dr. Hans Braun, Bonn
Möglichkeiten und Grenzen der Resistenzzüchtung

Prof. Dr.-Ing. Carl Heinrich Dencker, Bonn
Der Weg der Landwirtschaft von der Energieautarkie zur Fremdenergie

1952, 74 Seiten, 23 Abb., kartoniert, DM 4,30

HEFT 11

Prof. Dr.-Ing. Herwart Opitz, Aachen
Entwicklungslinien der Fertigungstechnik in der Metallbearbeitung

Prof. Dr.-Ing. Karl Krekeler, Aachen
Stand und Aussichten der schweißtechnischen Fertigungsverfahren

1952, 72 Seiten, 49 Abb., kartoniert, DM 5,—

HEFT 12

Dr. Hermann Rathert, Wuppertal-Elberfeld
Entwicklung auf dem Gebiet der Chemiefaser-Herstellung

Prof. Dr. Wilhelm Weltzien, Krefeld
Rohstoff und Veredlung in der Textilwirtschaft

1952, 84 Seiten, 29 Abb., kartoniert, DM 4,80

HEFT 13

Dr.-Ing. E. h. Karl Herz, Frankfurt a. M.
Die technischen Entwicklungstendenzen im elektrischen Nachrichtenwesen

Staatssekretär Prof. Leo Brandt, Düsseldorf
Navigation und Luftsicherung

1952, 102 Seiten, 97 Abb., kartoniert, DM 7,25

HEFT 14

Prof. Dr. Burckhardt Helferich, Bonn
Stand der Enzymchemie und ihre Bedeutung

Prof. Dr. Hugo Wilhelm Knipping, Köln
Ausschnitt aus der klinischen Carcinomforschung am Beispiel des Lungenkrebses

1952, 72 Seiten, 12 Abb., kartoniert, DM 4,30

HEFT 15

Prof. Dr. Abraham Esau †, Aachen
Ortung mit elektrischen und Ultraschallwellen in Technik und Natur

Prof. Dr.-Ing. Eugen Flegler, Aachen
Die ferromagnetischen Werkstoffe der Elektrotechnik und ihre neueste Entwicklung

1953, 84 Seiten, 25 Abb., kartoniert, DM 4,80

HEFT 16

Prof. Dr. Rudolf Seyffert, Köln
Die Problematik der Distribution

Prof. Dr. Theodor Beste, Köln
Der Leistungslohn

1952, 70 Seiten, 1 Abb., kartoniert, DM 3,50

HEFT 17

Prof. Dr.-Ing. Friedrich Seewald, Aachen
Luftfahrtforschung in Deutschland und ihre Bedeutung für die allgemeine Technik

Prof. Dr.-Ing. Edouard Houdremont, Essen
Art und Organisation der Forschung in einem Industrieforschungsinstitut der Eisenindustrie

1953, 90 Seiten, 4 Abb., kartoniert, DM 4,20

HEFT 18

Prof. Dr. Werner Schulemann, Bonn
Theorie und Praxis pharmakologischer Forschung

Prof. Dr. Wilhelm Groth, Bonn
Technische Verfahren zur Isotopentrennung

1953, 72 Seiten, 17 Abb., kartoniert, DM 4,—

HEFT 19

Dipl.-Ing. Kurt Traenckner, Essen
Entwicklungstendenzen der Gaserzeugung

1953, 26 Seiten, 12 Abb., kartoniert, DM 1,60

HEFT 20

Lw. M. Zvegintzow, London
Wissenschaftliche Forschung und die Auswertung ihrer Ergebnisse
Ziel und Tätigkeit der National Research Development Corporation

Dr. Alexander King, London
Wissenschaft und internationale Beziehungen

1954, 88 Seiten, kartoniert, DM 4,20

HEFT 21

Prof. Dr. Robert Schwarz, Aachen
Wesen und Bedeutung der Silicium-Chemie

Prof. Dr. Dr. h. c. Kurt Alder, Köln
Fortschritte in der Synthese von Kohlenstoffverbindungen

1954, 76 Seiten, 49 Abb., kartoniert, DM 4,—

HEFT 21 a

Prof. Dr. Dr. h. c. Otto Hahn, Göttingen
Die Bedeutung der Grundlagenforschung für die Wirtschaft

Prof. Dr. Siegfried Strugger, Münster
Die Erforschung des Wasser- und Nährsalztransportes im Pflanzenkörper mit Hilfe der fluoreszenzmikroskopischen Kinematographie

1953, 74 Seiten, 26 Abb., kartoniert, DM 5,—

HEFT 22

Prof. Dr. Johannes von Allesch, Göttingen
Die Bedeutung der Psychologie im öffentlichen Leben

Prof. Dr. Otto Graf, Dortmund
Triebfedern menschlicher Leistung

1953, 80 Seiten, 19 Abb., kartoniert, DM 4,—

HEFT 23

Prof. Dr. Dr. h. c. Bruno Kuske, Köln
Zur Problematik der wirtschaftswissenschaftlichen Raumforschung

Prof. Dr. Dr.-Ing. E. h. Stephan Prager, Düsseldorf
Städtebau und Landesplanung

1954, 84 Seiten, kartoniert, DM 3,50

HEFT 24

Prof. Dr. Rolf Danneel, Bonn
Über die Wirkungsweise der Erbfaktoren

Prof. Dr. Kurt Herzog, Krefeld
Bewegungsbedarf der menschlichen Gliedmaßengelenke bei der Berufsarbeit

1953, 76 Seiten, 18 Abb., kartoniert, DM 4,—

HEFT 25

Prof. Dr. Otto Haxel, Heidelberg
Energiegewinnung aus Kernprozessen

Dr.-Ing. Dr. Max Wolf, Düsseldorf
Gegenwartsprobleme der energiewirtschaftlichen Forschung

1953, 98 Seiten, 27 Abb., kartoniert, DM 5,25

HEFT 26

Prof. Dr. Friedrich Becker, Bonn
Ultrakurzwellenstrahlung aus dem Weltraum

Dr. Hans Straßl, Bonn
Bemerkenswerte Doppelsterne und das Problem der Sternentwicklung

1954, 70 Seiten, 8 Abb., kartoniert, DM 3,60

HEFT 27

Prof. Dr. Heinrich Behnke, Münster
Der Strukturwandel der Mathematik in der ersten Hälfte des 20. Jahrhunderts

Prof. Dr. Emanuel Sperner, Hamburg
Eine mathematische Analyse der Luftdruckverteilungen in großen Gebieten

1956, 96 Seiten, 12 Abb., 5 Tab., kart., DM 5,—

HEFT 28

Prof. Dr. Oskar Niemczyk, Aachen
Die Problematik gebirgsmechanischer Vorgänge im Steinkohlenbergbau

Prof. Dr. Wilhelm Ahrens, Krefeld
Die Bedeutung geologischer Forschung für die Wirtschaft, besonders in Nordrhein-Westfalen

1955, 96 Seiten, 12 Abb., kartoniert, DM 5,25

HEFT 29

Prof. Dr. Bernhard Rensch, Münster
Das Problem der Residuen bei Lernleistungen
Prof. Dr. Hermann Fink, Köln
Über Leberschäden bei der Bestimmung des biologischen Wertes verschiedener Eiweiße von Mikroorganismen
1954, 96 Seiten, 23 Abb., kartoniert, DM 5,25

HEFT 30

Prof. Dr.-Ing. Friedrich Seewald, Aachen
Forschungen auf dem Gebiete der Aerodynamik
Prof. Dr.-Ing. Karl Leist, Aachen
Einige Forschungsarbeiten aus der Gasturbinentechnik
1955, 98 Seiten, 45 Abb., kartoniert, DM 7,—

HEFT 31

Prof. Dr.-Ing. Dr. h. c. Fritz Mietzsch, Wuppertal
Chemie und wirtschaftliche Bedeutung der Sulfonamide
Prof. Dr. h. c. Gerhard Domagk, Wuppertal
Die experimentellen Grundlagen der bakteriellen Infektionen
1954, 82 Seiten, 2 Abb., kartoniert, DM 4,—

HEFT 32

Prof. Dr. Hans Braun, Bonn
Die Verschleppung von Pflanzenkrankheiten und -schädigungen über die Welt
Prof. Dr. Wilhelm Rudolf, Voldagsen
Der Beitrag von Genetik und Züchtung zur Bekämpfung von Viruskrankheiten der Nutzpflanzen
1953, 88 Seiten, 36 Abb., kartoniert, DM 5,—

HEFT 33

Prof. Dr.-Ing. Volker Aschoff, Aachen
Probleme der elektroakustischen Einkanalübertragung
Prof. Dr.-Ing. Herbert Döring, Aachen
Erzeugung und Verstärkung von Mikrowellen
1954, 74 Seiten, 23 Abb., kartoniert, DM 4,30

HEFT 34

Geheimrat Prof. Dr. Dr. Rudolf Schenck, Aachen
Bedingungen und Gang der Kohlenhydratsynthese im Licht
Prof. Dr. Emil Lehnartz, Münster
Die Endstufen des Stoffabbaues im Organismus
1954, 80 Seiten, 11 Abb., kartoniert, DM 4,20

HEFT 35

Prof. Dr.-Ing. Hermann Schenck, Aachen
Gegenwartsprobleme der Eisenindustrie in Deutschland
Prof. Dr.-Ing. Eugen Piwowarsky †, Aachen
Gelöste und ungelöste Probleme im Gießereiwesen
1954, 110 Seiten, 67 Abb., kartoniert, DM 6,50

HEFT 36

Prof. Dr. Wolfgang Riezler, Bonn
Teilchenbeschleuniger
Prof. Dr. Gerhard Schubert, Hamburg
Anwendung neuer Strahlenquellen in der Krebstherapie
1954, 104 Seiten, 43 Abb., kartoniert, DM 7,—

HEFT 37

Prof. Dr. Franz Lotze, Münster
Probleme der Gebirgsbildung
1957, 48 Seiten, 12 Abb., kartoniert, DM 2,75

HEFT 38

Dr. E. Colin Cherry, London
Kybernetik
Prof. Dr. Erich Pietsch, Clausthal-Zellerfeld
Dokumentation und mechanisches Gedächtnis — zur Frage der Ökonomie der geistigen Arbeit
1954, 108 Seiten, 31 Abb., kartoniert, DM 5,25

HEFT 39

Dr. Heinz Haase, Hamburg
Infrarot und seine technischen Anwendungen
Prof. Dr. Abraham Esau †, Aachen
Ultraschall und seine technischen Anwendungen
1955, 80 Seiten, 25 Abb., kartoniert, DM 4,80

HEFT 40

Bergassessor Fritz Lange, Bochum-Hordel
Die wirtschaftliche und soziale Bedeutung der Silikose im Bergbau
Prof. Dr. Walter Kikuth, Düsseldorf
Die Entstehung der Silikose und ihre Verhütungsmaßnahmen
1954, 120 Seiten, 40 Abb., kartoniert, DM 7,25

HEFT 40a

Prof. Dr. Eberhard Gross, Bonn
Berufskrebs und Krebsforschung
Prof. Dr. Hugo Wilhelm Knipping, Köln
Die Situation der Krebsforschung vom Standpunkt der Klinik
1955, 88 Seiten, 31 Abb., kartoniert, DM 5,—

HEFT 41

Direktor Dr.-Ing. Gustav-Victor Lachmann, London
An einer neuen Entwicklungsschwelle im Flugzeugbau
Direktor Dr.-Ing. A. Gerber, Zürich-Oerlikon
Stand der Entwicklung der Raketen- und Lenktechnik
1955, 88 Seiten, 44 Abb., kartoniert, DM 6,—

HEFT 42

Prof. Dr. Theodor Kraus, Köln
Über Lokalisationsphänomene und Ordnungen im Raume
Direktor Dr. Fritz Gummert, Essen
Vom Ernährungsversuchsfeld der Kohlenstoffbiologischen Forschungsstation Essen
1957, 69 Seiten, 20 Abb., kartoniert, DM 4,50

HEFT 42a

Prof. Dr. Dr. h. c. Gerhard Domagk, Wuppertal
Fortschritte auf dem Gebiet der experimentellen Krebsforschung
1954, 46 Seiten, kartoniert, DM 2,—

HEFT 43

Prof. Giovanni Lampariello, Rom
Über Leben und Werk von Heinrich Hertz
Prof. Dr. Walter Weizel, Bonn
Über das Problem der Kausalität in der Physik
1955, 76 Seiten, kartoniert, DM 3,30

HEFT 43a

Prof. Dr. José Ma Albareda, Madrid
Die Entwicklung der Forschung in Spanien
1956, 68 Seiten, 18 Abb., kartoniert, DM 4,—

HEFT 44

Prof. Dr. Burckhardt Helferich, Bonn
Über Glykoside
Prof. Dr. Fritz Micheel, Münster
Kohlenhydrat-Eiweiß-Verbindungen und ihre biochemische Bedeutung
1956, 70 Seiten, 67 Abb., kartoniert, DM 4,60

HEFT 45

Prof. Dr. John von Neumann, Princeton, USA
Entwicklung und Ausnutzung neuerer mathematischer Maschinen

Prof. Dr. E. Stiefel, Zürich
Rechenautomaten im Dienste der Technik mit Beispielen aus dem Züricher Institut für angewandte Mathematik

1955, 74 Seiten, 6 Abb., kartoniert, DM 3,50

HEFT 46

Prof. Dr. Wilhelm Weltzien, Krefeld
Ausblick auf die Entwicklung synthetischer Fasern

Prof. Dr. Walther Hoffmann, Münster
Wachstumsprobleme der Industriewirtschaft

in Vorbereitung

18 NEUE FORSCHUNGSSTELLEN
im Land Nordrhein-Westfalen

1954, 176 Seiten, 70 Abb., kartoniert, DM 10,—

HEFT 47

Staatssekretär Prof. Leo Brandt, Düsseldorf
Die praktische Förderung der Forschung in Nordrhein-Westfalen

Prof. Dr. Ludwig Raiser, Bad Godesberg
Die Förderung der angewandten Forschung durch die Deutsche Forschungsgemeinschaft

1957, 108 Seiten, 82 Abb., kartoniert, DM 9,55

HEFT 48

Dr. Hermann Tromp, Rom
Bestandsaufnahme der Wälder der Welt als internationale und wissenschaftliche Aufgabe

Prof. Dr. Franz Heske, Schloß Reinbek
Die Wohlfahrtswirkungen des Waldes als internationales Problem

1957, 88 Seiten, kartoniert, DM 3,85

HEFT 49

Präsident Dr. G. Böhnecke, Hamburg
Zeitfragen der Ozeanographie

Reg.-Direktor Dr. H. Gabler, Hamburg
Nautische Technik und Schiffssicherheit

1955, 120 Seiten, 49 Abb., kartoniert, DM 7,50

HEFT 50

Prof. Dr.-Ing. Friedrich A. F. Schmidt, Aachen
Probleme der Selbstzündung und Verbrennung bei der Entwicklung der Hochleistungskraftmaschinen

Prof. Dr.-Ing. A. W. Quick, Aachen
Ein Verfahren zur Untersuchung des Austauschvorganges in verwirbelten Strömungen hinter Körpern mit abgelöster Strömung

1956, 88 Seiten, 38 Abb., kartoniert, DM 6,20

HEFT 51

Direktor Dr. J. Pätzold, Erlangen
Therapeutische Anwendung mechanischer und elektrischer Energie

1957, 30 Seiten, 7 Abb., kartoniert

HEFT 51a

Prof. Dr. Siegfried Strugger, Münster
Struktur, Entwicklungsgeschichte und Physiologie der Chloroplasten *in Vorbereitung*

HEFT 52

Mr. F. A. W. Patmore, London
Der Air Registration Board und seine Aufgaben im Dienst der britischen Flugzeugindustrie

Prof. A. D. Young, Cranfield
Gestaltung der Lehrtätigkeit in der Luftfahrttechnik in Großbritannien

1956, 92 Seiten, 16 Abb., kartoniert, DM 4,65

JAHRESFEIER 1955

Prof. Dr. Josef Pieper, Münster
Über den Philosophie-Begriff Platons

Prof. Dr. Walter Weizel, Bonn
Die Mathematik und die physikalische Realität

1955, 62 Seiten, kartoniert, DM 2,90

HEFT 52a

Dr. D. C. Martin, London
Geschichte und Organisation der Royal Society

Dr. Roux, Südafrika
Probleme der wissenschaftlichen Forschung in der Südafrikanischen Union

in Vorbereitung

HEFT 53

Prof. Dr.-Ing. Georg Schnadel, Hamburg
Forschungsaufgaben zur Untersuchung der Festigkeitsprobleme im Schiffsbau

Prof. Dipl.-Ing. Wilhelm Sturtzel, Duisburg
Forschungsaufgaben zur Untersuchung der Widerstandsprobleme im Schiffsbau

1957, 54 Seiten, 13 Abb., kartoniert

HEFT 53a

Prof. Giovanni Lampariello, Rom
Von Galilei zu Einstein

1956, 92 Seiten, kartoniert, DM 4,20

HEFT 54

Prof. Dr. Julius Bartels, Göttingen
Sonne und Erde — das Thema des internationalen geophysikalischen Jahres

Direktor Dr. Walter Dieminger, Lindau/Harz
Ionosphäre und drahtloser Weitverkehr

in Vorbereitung

HEFT 54a

Sir John Cockcroft, London
Die friedliche Anwendung der Kernenergie

1956, 42 Seiten, 26 Abb., kartoniert, DM 3,—

HEFT 55

Prof. Dr.-Ing. Fritz Schultz-Grunow, Aachen
Das Kriechen und Fließen hochzäher und plastischer Stoffe

Prof. Dr.-Ing. Hans Ebner, Aachen
Wege und Ziele der Festigkeitsforschung besonders im Hinblick auf den Leichtbau

in Vorbereitung

HEFT 56

Prof. Dr. Ernst Derra, Düsseldorf
Der Entwicklungsstand der Herzchirurgie

Prof. Dr. Gunther Lehmann, Dortmund
Muskelarbeit und Muskelermüdung in Theorie und Praxis

1956, 102 Seiten, 49 Abb., kartoniert, DM 6,90

HEFT 57

Prof. Dr. Theodor von Kármán, Pasadena
Freiheit und Organisation in der Luftfahrtforschung

Staatssekretär Prof. Leo Brandt, Düsseldorf
Bericht über den Wiederbeginn deutscher Luftfahrtforschung

in Vorbereitung

HEFT 58

Prof. Dr. Fritz Schröter, Ulm
Neue Forschungs- und Entwicklungsrichtungen im Fernsehen

Prof. Dr. Albert Narath, Berlin
Der gegenwärtige Stand der Filmtechnik

1957, 116 Seiten, 46 Abb., kartoniert, DM 6,95

HEFT 59

Prof. Dr. Richard Courant, New York
Die Bedeutung der modernen mathematischen Rechenmaschinen für mathematische Probleme der Hydrodynamik und Reaktortechnik
Prof. Dr. Ernst Peschl, Bonn
Die Rolle der komplexen Zahlen in der Mathematik und die Bedeutung der komplexen Analysis
in Vorbereitung

HEFT 60

Prof. Dr. Wolfgang Flaig, Braunschweig
Grundlagenforschung auf dem Gebiet des Humus und der Bodenfruchtbarkeit
Prof. Dr. Dr. Eduard Mückenhausen, Bonn
Typologische Bodenentwicklung und Bodenfruchtbarkeit
1956, 112 Seiten, 36 Abb., kartoniert, DM 11,25

HEFT 61

Dr. Klaus Oswatitsch, Aachen
Gelöste und ungelöste Probleme der Gasdynamik
Prof. Dr. W. Georgii, München
Aerophysikalische Flugforschung
in Vorbereitung

HEFT 62

Prof. Dr. A. Butenandt, Tübingen
Über die Analyse der Erbfaktorenwirkung und ihre Bedeutung für biochemische Fragestellungen
Prof. Dr. J. Straub, Köln
Quantitative Genwirkung bei Polyploiden
in Vorbereitung

HEFT 63

Prof. Dr. E. Morgenstern, Princeton
Der theoretische Unterbau der Wirtschaftspolitik
in Vorbereitung

HEFT 64

Prof. Dr. Bernhard Rensch, Münster
Die stammesgeschichtliche Sonderstellung des Menschen *1957, 60 Seiten, 5 Abb., kart., DM 2,95*

HEFT 65

Prof. Dr. W. Tönnis, Köln
Die neuzeitliche Behandlung frischer Schädelhirnverletzungen
Prof. Dr. S. Strugger, Münster
Die elektronenmikroskopische Darstellung der Feinstruktur des Protoplasmas mit Hilfe der Uranylmethode und die zukünftige Bedeutung dieser Methodik für die Erforschung der Strahlenwirkung
in Vorbereitung

GEISTESWISSENSCHAFTEN

HEFT 1

Prof. Dr. Werner Richter, Bonn
Die Bedeutung der Geisteswissenschaften für die Bildung unserer Zeit
Prof. Dr. Joachim Ritter, Münster
Die aristotelische Lehre vom Ursprung und Sinn der Theorie
1953, 64 Seiten, kartoniert, DM 2,90

HEFT 2

Prof. Dr. Josef Kroll, Köln
Elysium
Prof. Dr. Günther Jachmann, Köln
Die vierte Ekloge Vergils
1953, 72 Seiten, kartoniert, DM 2,90

HEFT 3

Prof. Dr. Hans Erich Stier, Münster
Die klassische Demokratie
1954, 100 Seiten, kartoniert, DM 4,50

HEFT 4

Prof. Dr. Werner Caskel, Köln
Lihyan und Lihyanisch. Sprache und Kultur eines früharabischen Königreiches
1954, 168 Seiten, 6 Abb., kartoniert, DM 8,25

HEFT 5

Prof. Dr. Thomas Ohm, Münster
Stammesreligionen im südlichen Tanganyika-Territorium
1953, 80 Seiten, 25 Abb., kartoniert, DM 8,—

HEFT 6

Prälat Prof. Dr. Dr. h. c. Georg Schreiber, Münster
Deutsche Wissenschaftspolitik von Bismarck bis zum Atomwissenschaftler Otto Hahn
1954, 102 Seiten, 7 Abb., kartoniert, DM 5,—

HEFT 7

Prof. Dr. Walter Holtzmann, Bonn
Das mittelalterliche Imperium und die werdenden Nationen
1953, 28 Seiten, kartoniert, DM 1,30

HEFT 8

Prof. Dr. Werner Caskel, Köln
Die Bedeutung der Beduinen in der Geschichte der Araber
1954, 44 Seiten, kartoniert, DM 2,—

HEFT 9

Prälat Prof. Dr. Dr. h. c. Georg Schreiber, Münster
Irland im deutschen und abendländischen Sakralraum
1956, 128 Seiten, 20 Abb., kartoniert, DM 9,—

HEFT 10

Prof. Dr. Peter Rassow, Köln
Forschungen zur Reichsidee im 16. und 17. Jahrhundert
1955, 32 Seiten, kartoniert, DM 1,50

HEFT 11

Prof. Dr. Hans Erich Stier, Münster
Roms Aufstieg zur Weltherrschaft
in Vorbereitung

HEFT 12

Prof. D. Karl Heinrich Rengstorf, Münster
Mann und Frau im Urchristentum
Prof. Dr. Hermann Conrad, Bonn
Grundprobleme einer Reform des Familienrechts
1954, 106 Seiten, kartoniert, DM 4,50

HEFT 13

Prof. Dr. Max Braubach, Bonn
Der Weg zum 20. Juli 1944
1953, 48 Seiten, kartoniert, DM 2,20

HEFT 14

Prof. Dr. Paul Hübinger, Münster
Das deutsch-französische Verhältnis und seine mittelalterlichen Grundlagen
in Vorbereitung

HEFT 15

Prof. Dr. Franz Steinbach, Bonn
Der geschichtliche Weg des wirtschaftenden Menschen in die soziale Freiheit und politische Verantwortung
1954, 76 Seiten, kartoniert, DM 2,90

HEFT 16

Prof. Dr. Josef Koch, Köln
Die Ars coniecturalis des Nikolaus von Cues
1956, 56 Seiten, 2 Abb., kartoniert, DM 2,90

HEFT 17

Prof. Dr. James Conant, US-Hochkommissar für Deutschland
Staatsbürger und Wissenschaftler

Prof. D. Karl Heinrich Rengstorf, Münster
Antike und Christentum
1953, 48 Seiten, 2 Abb., kartoniert, DM 2,90

HEFT 18

Prof. Dr. Richard Alewyn, Köln
Klopstocks Publikum
in Vorbereitung

HEFT 19

Prof. Dr. Fritz Schalk, Köln
Das Lächerliche in der französischen Literatur des Ancien Régime
1954, 42 Seiten, kartoniert, DM 2,—

HEFT 20

Prof. Dr. Ludwig Raiser, Bad Godesberg
Rechtsfragen der Mitbestimmung
1954, 48 Seiten, kartoniert, DM 2,—

HEFT 21

Prof. D. Martin Noth, Bonn
Das Geschichtsverständnis der alttestamentlichen Apokalyptik
1953, 36 Seiten, kartoniert, DM 1,60

HEFT 22

Prof. Dr. Walter F. Schirmer, Bonn
Glück und Ende der Könige in Shakespeares Historien
1954, 32 Seiten, kartoniert, DM 1,50

HEFT 23

Prof. Dr. Günther Jachmann, Köln
Der homerische Schiffskatalog und die Ilias
in Vorbereitung

HEFT 24

Prof. Dr. Theodor Klauser, Bonn
Die römische Petrustradition im Lichte der neuen Ausgrabungen unter der Peterskirche
1956, 144 Seiten, 3 Falttafeln, 37 Abb., kartoniert, DM 9,30

HEFT 25

Prof. Dr. Hans Peters, Köln
Die Gewaltentrennung in moderner Sicht
1955, 48 Seiten, kartoniert, DM 2,20

HEFT 26

Prof. Dr. Fritz Schalk, Köln
Calderon und die Mythologie
in Vorbereitung

HEFT 27

Prof. Dr. Josef Kroll, Köln
Vom Leben geflügelter Worte
in Vorbereitung

HEFT 28

Prof. Dr. Thomas Ohm, Münster
Die Religionen in Asien
1954, 50 Seiten, 4 Abb., kartoniert, DM 5,-

HEFT 29

Prof. Dr. Johann Leo Weisgerber, Bonn
Die Ordnung der Sprache im persönlichen und öffentlichen Leben
1955, 64 Seiten, kartoniert, DM 2,90

HEFT 30

Prof. Dr. Werner Caskel, Köln
Entdeckungen in Arabien
1954, 44 Seiten, kartoniert, DM 2,—

HEFT 31

Prof. Dr. Max Braubach, Bonn
Entstehung und Entwicklung der landesgeschichtlichen Bestrebungen und historischen Vereine im Rheinland
1955, 32 Seiten, kartoniert, DM 1,60

HEFT 32

Prof. Dr. Fritz Schalk, Köln
Somnium und verwandte Wörter in den romanischen Sprachen
1955, 48 Seiten, 3 Abb., kartoniert, DM 2,50

HEFT 33

Prof. Dr. Friedrich Dessauer, Frankfurt a. M.
Erbe und Zukunft des Abendlandes
1956, 32 Seiten, kartoniert, DM 1,80

HEFT 34

Prof. Dr. Thomas Ohm, Münster
Ruhe und Frömmigkeit
1955, 128 Seiten, 30 Abb., kartoniert, DM 8,—

HEFT 35

Prof. Dr. Hermann Conrad, Bonn
Die mittelalterliche Besiedlung des deutschen Ostens und das Deutsche Recht
1955, 40 Seiten, kartoniert, DM 2,—

HEFT 36

Prof. Dr. Hans Sckommodau, Köln
Die religiösen Dichtungen Margaretes von Navarra
1955, 172 Seiten, kartoniert, DM 7,20

HEFT 37

Prof. Dr. Herbert von Einem, Bonn
Der Mainzer Kopf mit der Binde
1955, 88 Seiten, 40 Abb., kartoniert, DM 6,—

HEFT 38

Prof. Dr. Joseph Höffner, Münster
Statik und Dynamik in der scholastischen Wirtschaftsethik
1955, 48 Seiten, kartoniert, DM 2,20

HEFT 39

Prof. Dr. Fritz Schalk, Köln
Diderots Essai über Claudius und Nero
1956, 40 Seiten, kartoniert, DM 2,25

HEFT 40

Prof. Dr. Gerhard Kegel, Köln
Probleme des internationalen Enteignungs- und Währungsrechts
1956, 62 Seiten, kartoniert, DM 2,85

HEFT 41

Prof. Dr. Johann Leo Weisgerber, Bonn
Die Grenzen der Schrift — Der Kern der Rechtschreibreform
1955, 72 Seiten, kartoniert, DM 3,25

HEFT 42
Prof. Dr. Richard Alewyn, Köln
Von der Empfindsamkeit zur Romantik
in Vorbereitung

HEFT 43
Prof. Dr. Theodor Schieder, Köln
Die Probleme des Rapallo-Vertrages
1956, 108 Seiten, kartoniert, DM 4,80

HEFT 44
Prof. Dr. Andreas Rumpf, Köln
Stilphasen der spätantiken Kunst
1957, 100 Seiten, 189 Abb., kartoniert

HEFT 45
Dr. Ulrich Luck, Münster
Kerygma und Tradition in der Hermeneutik Adolf Schlatters
1955, 136 Seiten, kartoniert, DM 6,15

HEFT 46
Prof. Dr. Walther Holtzmann, Rom
Das Deutsche Historische Institut in Rom
Prof. Dr. Graf Wolff von Metternich, Rom
Die Bibliotheca Hertziana und der Palazzo Zuccari
1955, 68 Seiten, 7 Abb., kartoniert, DM 3,50

JAHRESFEIER 1955
Prof. Dr. Josef Pieper, Münster
Über den Philosophie-Begriff Platons
Prof. Dr. Walter Weizel, Bonn
Die Mathematik und die physikalische Realität
1955, 62 Seiten, kartoniert, DM 2,90

HEFT 47
Prof. Dr. Harry Westermann, Münster
Person und Persönlichkeit im Zivilrecht

HEFT 48
Prof. Dr. Johann Leo Weisgerber, Bonn
Die Namen der Ubier
in Vorbereitung

HEFT 49
Prof. Dr. Friedrich Karl Schumann, Münster
Mythos und Technik
in Vorbereitung

HEFT 50
Prof. D. Karl Heinrich Rengstorf, Münster
Die Anfänge des Diakonats
in Vorbereitung

HEFT 51
Prälat Prof. Dr. Dr. h. c. Georg Schreiber, Münster
Der Bergbau in Geschichte, Ethos und Sakralkultur
in Vorbereitung

HEFT 52
Prof. Dr. Hans J. Wolff, Münster
Die Rechtsgestalt der Universität
1956, 56 Seiten, kartoniert, DM 2,65

HEFT 53
Prof. Dr. Heinrich Vogt, Bonn
Schadenersatzprobleme im Verhältnis von Haftungsgrund und Schaden *in Vorbereitung*

HEFT 54
Prof. Dr. Max Braubach, Bonn
Der Einmarsch der deutschen Truppen in die entmilitarisierte Zone am Rhein im März 1936. Ein Beitrag zur Vorgeschichte des zweiten Weltkrieges
1956, 48 Seiten, kartoniert, DM 2,40

HEFT 55
Prof. Dr. Herbert von Einem, Bonn
Die Menschwerdung Christi des Isenheimer Altars
in Vorbereitung

HEFT 56
Prof. Dr. E. J. Cohn, London
Der englische Gerichtstag
1956, 88 Seiten, kartoniert, DM 4,15

HEFT 57
Dr. Albert Woopen, Aachen
Die Zivilehe und der Grundsatz der Unauflöslichkeit der Ehe in der Entwicklung des italienischen Zivilrechts
1956, 88 Seiten, kartoniert, DM 4,—

HEFT 58
Prof. Dr. Karl Kerényi, Ascona
Die Herkunft der Dionysos-Religion nach dem heutigen Stand der Forschung
1956, 32 Seiten, kartoniert, DM 1,75

HEFT 59
Prof. Dr. Herbert Jankuhn, Kiel
Haithabu und der abendländische Handel nach Nordeuropa im frühen Mittelalter
in Vorbereitung

HEFT 60
Dr. Stephan Skalweit, Bonn
Edmund Burke und Frankreich
1956, 84 Seiten, kartoniert, DM 4,15

HEFT 61
Prof. Dr. Ulrich Scheuner, Bonn
Die Neutralität im heutigen Völkerrecht
in Vorbereitung

HEFT 62
Prof. Dr. Anton Moortgat, Berlin
Archäologische Forschungen der Max-Freiherr-von-Oppenheim-Stiftung im nördlichen Mesopotamien
1957, 32 Seiten, 11 Abb., kartoniert, DM 2,10

HEFT 63
Prof. Dr. Joachim Ritter, Münster
Hegel und die französische Revolution
1957, 126 Seiten, kartoniert

HEFT 64
Prof. Dr. Hermann Conrad und
Prof. Dr. Carl Arnold Willemsen, Bonn
Die Konstitutionen von Melfi Friedrich II. von Hohenstaufen (1231) *in Vorbereitung*

HEFT 65
Prälat Prof. Dr. Dr. h. c. Georg Schreiber, Münster
Der Islam und das christliche Abendland
in Vorbereitung

HEFT 66
Prof. Dr. Werner Conze, Münster
Die Strukturgeschichte des technisch-industriellen Zeitalters als Aufgabe für Forschung und Unterricht
1956, 52 Seiten, kartoniert, DM 2,70

HEFT 67
Prof. Dr. Gerhard Hess, Bad Godesberg
Zur Entstehung der „Maximen" La Rochefoucaulds
1957, 44 Seiten, kartoniert, DM 2,30

HEFT 68
Prof. Dr. Fritz Schalk, Köln
Poetica de Aristoteles traducia de latin. Illustrada y commentado por Juan Pablo Martiz Rizo (erste kritische Ausgabe des spanischen Textes)
in Vorbereitung